KB266038

우리가 용기가 없지, 질문이 없냐

십 대의 질문력이 자라나는
구정화 교수의 생각 교실

# 우리가 용기가 없지 질문이, 없냐

구정화 지음

해냄

# 좋은 질문은 좋은 답을 만들고,
# 마침내 삶을 바꿉니다

영화 〈인터스텔라〉를 기억하나요? 지구가 황폐해지자, 살 곳을 찾아 우주로 떠나는 가족 이야기입니다. 딸 머피의 방에 이상한 중력 현상이 나타나고 먼지 속에 좌표가 드러나자, 주인공 쿠퍼는 NASA(미국항공우주국) 비밀기지를 찾아가죠. 원래 우주비행사였던 쿠퍼는 인류가 이주할 행성을 찾는 NASA의 비밀 업무에 참여하게 됩니다.

그러다 블랙홀에 빠지게 된 그는 "여기에 왜 왔을까? 나는 무엇을 해야 할까?"라고 질문한 덕에 인류를 구할 답을 찾죠. 그의 이 질문은 철학의 오랜 질문인 "나는 왜 존재하는가?"와 맥을 같이합니다. 전통적으로 철학은 인간 존재의 의미에 질문을 던짐으로써 삶에 대한 답을 찾아왔죠. 그런 면에서 삶은 질문의 여정으로 봐도 무방할 겁니다.

우리는 질문하기보다 답 찾는 데 익숙합니다. 하지만 질문이 없다면 답도 없습니다. "나는 왜 존재하는가?" 외에도, 인류의 역사를 바꾼 유명한 질문이 많습니다. "왜 사과는 아래로 떨어질까?"는 과학자 뉴턴이 중력과 만유인력이라는 답을 찾게 했습니다. 이렇듯 눈앞에 보이는 현상을 그대로 받아들이지 않고 질문하는 호기심이 인류의 삶을 바꿉니다. "우주는 지구를 중심으로 움직이는가?" "빛은 파동인가, 입자인가?" "생명은 어떻게 시작되었는가?" 같은 질문은 천동설, 양자물리학, 진화론 등 새로운 이론을 만들어냈죠.

이런 질문이 과학에만 있는 것은 아닙니다. "인간은 태어날 때부터 평등한가?"는 인간의 존엄성을 깨우치고 인권의 실천을 이끌었으며 "여성도 인간인가?" "노예 제도는 정당한가?"는 사회 불평등을 해결했습니다. "신은 존재하는가?"는 인간과 신의 관계를 고찰하게 했고 "정의란 무엇인가?"는 정치의 철학적 의미를 되짚게 했죠.

무수히 많은 질문 덕분에 찾은 수많은 답이 인간의 삶을 바꾸었고 지금 우리가 살아가는 세상이 만들어졌습니다. 최근에는 인공지능 등 새로운 기술의 변화가 새로운 질문과 답을 찾도록 하고 있죠. 이제는 삶에서 나아가 사회를 바꿀 질문을 해봅시다. 간단하고 작은 질문부터 시작해 보면 어떨까요. 무엇이나 시작은 미약하기 마련이니까요. 같이 질문하고 그 답을 찾아봅시다.

2026년 4월

구정화

# 차례

## 1장 질문의 필요와 쓸모를 생각하다_ 질문을 위한 질문

## 2장 생성형 인공지능에 제대로 질문하다_ 컴퓨팅 사고력 질문

 **3장**

## 인간을 이해하는 질문은 따로 있다_ 소통하는 질문

 **4장**

## 자신을 분석하고 이해하다_ 메타인지 질문

## 5장 문제 해결을 위해 나아가다_ 의사결정을 위한 질문

## 6장 주어진 것을 한번 더 생각하다_ 자료 분석을 위한 질문

# 7장 자기 말만 하는 사람에서 벗어나다_ 토의토론을 위한 질문



**일러두기**
이 책에 제시한 질문의 일부는 생성형 인공지능을 활용하여 저자가 새롭게 재구성한 것임을 밝혀둡니다.

# 질문의 필요와 쓸모를 생각하다

## 질문을 위한 질문

# 예루살렘의 아이히만

> Q **핵심 질문**
> 왜 삶의 목적에 대해 질문해야 할까?

## 예루살렘 법정에 선 아이히만은
## 어떤 사람일까?

1961년, 예루살렘의 한 형사재판이 세계 언론에 공개됐습니다. 재판정에 선 피고인은 독일인 오토 아돌프 아이히만이었습니다. 이스라엘 정부는 되도록 많은 언론에서 그의 재판을 공개하도록 했습니다.

1906년에 태어난 아이히만은 성년이 될 때쯤, 집권 정당인 독일 나치당이 발간한 신문에서 유대인 인종 청소의 필요성에 관한 내용을 접하면서 나치당에 가입합니다. 그는 일자리를 잃은 뒤부터 나치 정부에서 일하기 시작했는데, 나치당이 제거하려 했던 유대인 관련 조직을 감시하고 보고하는 일을 맡아서 했죠.

1939년 제2차 세계대전이 시작되자, 그는 유대인 강제 추방 업무의 세부 계획을 세우고 그에 따라 직접 이송하는 일을 했습니다. 가장 많은 사상자를 낸 아우슈비츠 강제수용소로 유대인을 이송하는 업무도 했죠. 그가 강제수용소로 이송한 유대인은 대부분 짧은 기간 내에 사망했습니다.

제2차 세계대전에서 독일이 패배하자 나치 관련자는 전범재판을 받았는데, 그는 어찌어찌하여 독일에서 탈출합니다. 그러나 제2차 세계대전 이후에 유대인이 세운 국가인 이스라엘은 주요 전범자인 그를 비밀리에 수색했습니다. 1960년에 이스라엘의 비밀조직인 모사드가 아르헨티나에 숨어 지내던 그를 찾아냈고 아르헨티나 정부도 모르게 체포하여 이스라엘로 데려왔죠. 그 후 수도 예루살렘에서 그의 형사재판이 시작됐습니다.

재판 과정에서 그는 이렇게 주장했습니다. 자신은 당시 공직자로서 상관의 명령에 따랐을 뿐이라고요. 책임 있는 지위에 있지 않았기에 유대인 학살에 대해 죄책감을 느끼지 않는다고 이야기했습니다. 그는 당시 우리나라로 치면 중령 정도의 직급이었는데, 아주 높은 지위는 아니지만 아주 낮은 지위도 아니었습니다.

재판에서 아이히만의 사형이 결정되었고, 얼마 지나지 않아 형이 집행됐습니다. 사형 집행 과정에서도 그는 희생자들에게 사죄하지 않았습니다. 그저 지인에게만 마지막 인사를 남겼습니다.

"명령에 따랐을 뿐"이라는 그의 주장은 세계 곳곳에 보도되어 비난

받았습니다. 그의 일생과 재판 과정은 수많은 자료와 책으로 남았죠. 특히 재판정에 선 그를 분석한 대표적인 책이 『예루살렘의 아이히만: 악의 평범성에 대한 보고서』입니다. 이 책의 저자는 나치 독일을 피해 미국으로 도망쳐야 했던 유대인 여성 정치철학자 한나 아렌트입니다.


## 아이히만은 왜 끔찍한
## 학살자가 되었을까?

한나 아렌트는 유대계 미국인으로, 미국 프린스턴대학교의 정치철학 전공 교수였습니다. 나치 독일 당시, 독일에 살고 있던 그는 강제수용소로 끌려간 다른 유대인들과 마찬가지로 위험한 상황이었습니다. 그래서 동료들의 도움을 받아 미국으로 망명했습니다.

아이히만이 예루살렘에서 재판을 받자, 미국의 한 언론이 아렌트에게 그 재판을 취재해 달라고 요청합니다. 고민하던 그는 특파원으로 그곳에 가 예루살렘에서 아이히만의 재판을 지켜봅니다. 그리고 명령에 따랐을 뿐이라는 아이히만의 주장을 두고 '악의 평범성'이라는 개념을 제시합니다.

'악의 평범성'은 어떤 의미일까요? 일반적으로 매우 악랄한 행위를 하는 사람은 악마와 같은 외모와 태도를 가졌다고 생각합니다. 그런데 재판 과정에서 드러난 아이히만의 모습은 주변에서 쉽게 볼 수 있는 연약한 노인의 모습이었습니다. 그는 주변 사람들과 적절한 인간관계를 맺고 살아가는 보통의 아버지였고, 남편이었으며, 친구였습니다. 재판을 보면서 사람들이 이해하지 못한 부분이 바로 이 점이었습니다. 일상적인 사람과 하나도 달라 보이지 않는데 어떻게 그렇게 끔찍하고 사악한 일을 저질렀을까요?

아렌트는 이런 모습과 삶에 초점을 두고 악의 평범성을 설명합니다. 즉, 사회적 측면에서 악한 행위는 특별히 악한 인간이 저지르는 것이 아니라 평범한 사람이 부여받은 지위와 역할을 수행하는 과정에서도 나타날 수 있다는 것입니다. 그렇다고 아렌트가 아이히만을 인간적으로 이해하여 두둔하거나 그의 잘못이 없다고 여긴 것은 아니었습니다.

재판 과정에서 아이히만은 독일 철학자 임마누엘 칸트의 『실천이성 비판』에 나오는 '정언명령'이라는 표현을 언급하죠. 아이히만은 당시 공무원으로서 정부의 명령에 절대적으로 따라야 했다고 주장하면서 그 근거로 이를 인용했습니다.

칸트가 말한 정언명령은 아이히만의 주장과 같은 의미였을까요? 정언명령은 인간 내부에서 나오는 보편적인 명령으로, 도덕적 삶을 실천하는 데 있어서 스스로 정한 무조건적인 명령이자 마땅히 지켜야 하는 절대명령입니다. 정언명령의 핵심은 인간이 보편적으로 인정하는 도덕의 실천입니다. 그러니 아이히만이 잘못 인용한 거죠.

칸트의 정언명령에 따르면, 두 가지를 고려해야 합니다. 첫째는 "네 의지의 준칙이 언제나 동시에 보편적 입법의 원리가 될 수 있도록 행위하라"입니다. 여기서 보편적이라는 말은 예외 없이 적용된다는 뜻이고, 입법은 스스로 삶의 법을 정해 만든다는 의미입니다.

둘째는 "너 자신과 다른 모든 사람의 인격을 결코 수단으로만 대하지 말고 언제나 목적으로 대하라"입니다. 쉽게 말하면, 무엇을 위한 수단으로 인간을 사용해서는 안 된다는 것입니다. 즉, 인간을 존엄한 존재로 인정해야 한다는 말이죠.

그렇다면 칸트의 정언명령에서 핵심은 무엇일까요? 인간의 행위는 무엇을 위한 게 아니라 도덕적으로 옳은 일을 행하는 자체가 목적이어야 한다는 것입니다. 그러므로 인간이 도덕적으로 옳은 일을 하는 것이 가치 있는 일이라고 봅니다. 이것이 바로 "우리는 왜 존재하는가?"라는 오래된 질문에 대한 칸트의 답입니다.

정말로 아이히만이 칸트의 정언명령에 따랐다면, 자신의 목숨이 중요한 만큼 수많은 유대인의 목숨도 중요하다는 것을 고려해서 행동했어야 합니다. 그랬다면 희대의 학살자로 예루살렘의 법정에 서지는 않았겠죠.

아렌트는 평범한 일상을 사는 우리와 다르지 않아 보이는 아이히만이 극악한 범죄를 저지른 이유는 자신이 하는 일이 인간의 보편적인 도덕에 비추어 옳은지 스스로 질문하지 않은 결과라고 보았습니다.

이때의 질문이란 자신이 선택한 행위에 대해 생각하고 성찰하는 것을 말합니다. 사유하지 않았다는 뜻이죠. 즉, 아렌트는 아이히만이 '사유의 무능함'을 보였고, 이것이 그의 잘못이라고 보았습니다. 사유는 인간이 존재하는 이유인데, 사유하지 않은 결과로 그런 범죄를 저질렀다는 것입니다.

## 아이히만이 삶의 목적에 대해
## 질문했다면 삶이 달라졌을까?

"공무원으로서 상관의 명령에 따를 수밖에 없었기에 책임이 없다"라는 아이히만의 주장에 대해 심리학계에서는 동조 실험이나 복종 실험으로 그 정당성을 증명하려 했습니다. 대표적으로 밀그램 실험과 짐바르도 실험 등이 있죠. 개인이 어떤 결정을 내릴 때 자신의 의견보다 그가 처한 상황이나 권력관계 등에 영향을 받아 복종하거나 동조할 수 있다는 사실을 보여주는 실험이었습니다.

그러면 우리는 악을 쉽게 저지르는 존재임을 인정하고 그냥 살면 될까요? 심리학자들이 이런 실험을 한 이유는 누구나 아이히만과 같이 거대한 악행을 저지를 수 있으니 별문제가 안 된다고 설득하기 위해서가 아닙니다. 그보다는 일상을 살아가는 평범한 개인도 그런 존재가 될 수 있음을 깨우쳐 주고 아이히만처럼 살지 않고 인간답게 살려면 어떻게 해야 할지 알려주기 위해서였습니다.

다시 예루살렘의 아이히만에게로 눈을 돌려봅시다. 만약에 그가 유대인 강제 수용 업무를 하면서 인간으로서 마땅히 해야 할 행위가 무엇인지 고민했다면 삶이 달라지지 않았을까요? 그렇다면 그는 어떤 질문을 던져야 했을까요?

첫째, "이 행동을 하면(또는 하지 않으면) 어떤 일이 발생할까?" 일반적으로 역사라고 하면 국가나 위대한 인물의 삶의 궤적만을 떠올리지만, 모든 개인이 살아가며 내리는 선택과 그에 따른 행위 또한 개인의 역사이면서 공동체의 역사를 만들어가는 과정입니다. 그러니 역사에는 모든 이가 행한 선택이 반영되어 있습니다.

개인과 공동체의 역사는 매 순간 다양한 선택과 그에 따른 행위의 결과입니다. 우리의 선택이 나, 다른 사람 그리고 공동체에 미칠 영향을 성찰해야 합니다. 그러려면 선택의 결과가 어떠할지 질문해야겠죠.

이 질문에는 우리의 모든 행동이 다 포함됩니다. 아침에 세수하고 머리 감고 밥을 먹는 것과 같은 아주 사적인 행동도요. 대부분의 일상적인 행동에 대해 우리는 질문하고 고민할 수 있습니다. "기후 위기 시대에 플라스틱을 줄이는 방법이 있을까?"를 고민한다면 고체 샴푸를 사용하거나 배달 음식을 줄이기로 선택할 수 있겠죠.

그래서 사소한 일상에 대해 고민하는 질문도 결국에는 "나는 어떤 삶을 살 것인가?"에 대한 질문입니다. 질문의 답을 찾아가는 과정에서 나의 선택에 영향을 미치는 사회제도나 법, 사회문화 등도 생각해 볼 수 있죠.

둘째, "이 행동은 도덕적으로 옳은가, 아닌가?" 과거에 소설이나 드라마의 주제는 대체로 권선징악이어서 악인은 벌을 받고 선한 주인공은 성공하는 결말이었습니다. 그런데 최근에는 악인에게도 서사를 부여하면서 그런 일을 할 만했다고 결론을 내리기도 합니다.

최근 들어 자신의 잘못보다는 주변 환경이나 다른 사람에게 책임을 돌리는 경우를 자주 봅니다. 특히 자신이 행한 악한 일의 책임을 사회에 전가하는 사람이 많습니다. 그래서 어떤 선택과 행동이 도덕적으로 옳은지 쉽게 결론 내리지 못하곤 합니다. 어쩌면 이들은 아이히만의 주장에 현혹되고 있는 것이 아닐까요?

그러나 어떤 행위가 도덕적으로 옳은지에 대해서는 누구나 쉽게 답을 찾을 수 있습니다. 그 선택이나 행동에 따른 결과의 피해를 내가 경험해도 되는지를 질문해 보면 됩니다.

예를 들어 내가 예루살렘의 아이히만이었다면 "나 아이히만이 아리아인이라는 이유로 강제수용소로 보내지고 독가스실에서 죽는 것은 옳은가?"라고 질문해 볼 수 있습니다. 이 질문은 내 행위의 가치를 성찰하는 질문입니다. 내가 상대방이 되어 역지사지로 사고하는 것이죠. 이런 질문에 대해 항상 "예"라고 답할 수 있다면 그것은 도덕적으로 옳지만, 그렇지 않다면 도덕적으로 옳지 않습니다.

아이히만이 상관의 명령에 따랐을 뿐이므로 자신은 책임이 없다고 했지만, 그에게는 분명히 스스로 선택할 수 있는 다른 선택지가 있었습니다. 다른 선택을 하지 않은 이유는 자신의 욕망 또는 성공만을 생각했을 뿐, 그로 인해 사회적으로 무슨 일이 생길지, 그 과정이 옳은지를 질문하지 않았기 때문입니다.

만약 자신의 선택을 고민했다면 아이히만은 나치 정부에서 해임되고 가난하게 살았을 수도 있지만 세계적으로 악한 일을 한 인물로 기록되고 기억되지는 않았을 것입니다. 그렇다면 상관의 명령에 따르지 않는 선택이 존엄한 인간으로서 해야 할 가치 있고 옳은 일이 아니었을까요?

## 왜 질문하며
## 살아야 할까?

누구나 살아가면서 아이히만처럼 선택에 부딪히곤 합니다. 그런데 현대 사회에서는 개인의 행동이 타인이나 공동체에 크게 영향을 미치는 경우가 많습니다. 이때 도덕적 옳음보다 개인의 욕망 실현을 더 중요하게 여기는 사회적 분위기에 휩쓸린다면 가치 있고 옳은 선택보다는 본능에 따라 마음대로 살아도 된다는 생각을 가질 수도 있습니다.

내 삶에서 어떤 선택의 결과가 타인이나 사회의 불행이나 문제를 일으킬 가능성이 있다면 성찰하는 질문을 통해 신중하게 옳은 선택을 해야 합니다. 구체적으로 어떤 질문이 있을까요?

칸트의 정언명령을 생각하면, 도덕적으로 옳은 삶은 자율적이고 주체성을 가진 인간으로서 스스로 성찰하면서 선택하는 것입니다. 그런 삶은 외부에서 강제하는 것이 아닙니다. 인간이라는 존엄한 존재로서 자부심을 가지고 스스로 성찰한 결과 옳은 삶을 살아가는 것입니다.

다른 동물은 본능에 따라 행동합니다. 인간인 우리도 본능에 따라 살 수 있지만, 그렇게 하지 않습니다. 본능에만 따르는 대신 인간으로서 다른 선택을 할 수 있습니다.

존엄한 인간으로서 도덕적으로 옳은 삶을 살기 위해서는 자신을 둘러싼 상황과 자신의 선택을 두고 질문할 수 있어야 합니다. 어쩌면 질문하는 삶은 인간임을 증명하는 중요한 방법일 것입니다.

# 아테네의 소크라테스

> **핵심 질문**
> 질문을 통해 무엇을 알아야 할까?

## 소크라테스는 왜
## 재판을 받았을까?

기원전 그리스 아테네에서도 재판이 열렸습니다. 피고인은 철학자 소크라테스였습니다. 그는 '신을 믿지 않은 죄'와 '아테네 젊은이들을 타락시킨 죄'로 고발당했습니다. 배심원의 결정에 따라 그에게 사형이 내려지자 지인들은 그에게 도망가라고 했지만, 그는 오히려 자신의 결백이 의심받을 것이라며 재판에서 처분받은 대로 독이 든 잔을 받아 마시고 사망합니다.

그는 기원전 470년경, 그리스 아테네에서 태어났습니다. 철학자로 살아가기 전에 소크라테스는 돌을 조각하던 조각가였는데, 아버지의 직업을 물려받았다고 합니다. 어머니는 아이 낳기를 돕는 산파였습니다. 그의 제자가 플라톤이고, 플라톤의 제자가 아리스토텔레스죠. 현대 서양 철학의 상당 부분은 이들의 철학에 기인합니다. 소크라테스의 제자들이 위대한 철학자라는 점에서, 그는 위대한 철학자일 뿐만 아니라 훌륭한 교사임을 알 수 있습니다.

당시 그리스에서는 젊은이들에게 철학, 천문학, 기하학 등을 가르쳤는데, 소크라테스도 이런 학문을 배웠습니다. 소크라테스가 배웠던 철학은 어떤 내용이었을까요? 아테네는 쇠락기였고, 보수와 진보의 철학이 공존하고 있었죠. 당시 철학계에는 소피스트(sophist)들이 활약했는데, 영어 sophist를 그대로 번역하면 지혜로운 사람이지만 실제로는 궤변론자를 뜻합니다. 소피스트들은 사람들에게 상대를 설득하는 논증 방법을 가르쳤는데, 이 과정에서 상대방의 사고에 혼란을 주거나 감정을 부추기게끔 가르쳤습니다.

민주주의가 발전한 아테네에서 시민들은 의회나 법정에서 논리적으로 주장을 펼쳐야 했고, 대중을 논리적으로 설득하는 연설을 잘하는 것이 중요했습니다. 이런 능력이 강조되던 시기에 소피스트들이 등장했고, 궤변을 통해 상대방을 이기는 방법을 청년들에게 가르친 것입니다.

그러면 상대방을 설득하기 위해서는 어떤 대화법을 배우는 것이 중요할까요? 사람들과 어떤 가치를 가지고 살아야 하는지를 논증하는 방법을 배워야 할까요, 아니면 상대방이 강조하는 가치와 상관없이 소소한 문제점을 계속 지적하여 상대방의 감정을 자극하는 방법을 배워야 할까요?

소크라테스는 소피스트와 달리 인간으로서 가져야 하는 보편타당한 덕성에 관심을 가졌고, 제자들에게 정의, 절제, 용기, 경건 등을 강조합니다. 소피스트와는 완전히 다르게 가르친 것입니다. 이 일로 그는 소피스트에 의해 아테네의 젊은이를 타락시키고 신성을 모독했다는 혐의로 고발당했고, 법정에 섰습니다.

법정에서 소크라테스는 이렇게 말합니다. "나는 아테네라는 소를 깨우는 등에(파리)에 불과하다. 나는 끊임없이 질문을 던지면서 이 도시가 잠들지 않도록 깨운다." 결국 그는 질문했다는 이유로 사형을 선고받은 셈입니다. 질문이 개인은 물론 사회를 깨우는 일이라 여기고 권력층에서 두려워했기 때문입니다.

## 소크라테스는 왜
## 소피스트와 달리 가르쳤을까?

소크라테스는 제자였던 플라톤과 달리, 책을 쓰지 않았습니다. 그래서 소크라테스의 철학은 그가 아테네 젊은이들에게 가르친 내용을 기록한 제자들의 책에서 살펴볼 수 있죠.

플라톤의 책 『소크라테스의 변명·크리톤·파이돈·향연』[1]에는 다음과 같은 이야기가 나옵니다. 델포이 신전은 당시 사람들이 궁금한 것에 대해 답을 얻기 위해 신에게 질문하던 곳이었습니다. 즉, 신탁을 받던 곳이었습니다. 델포이 신전에서 소크라테스의 친구였던 카이레폰은 소크라테스보다 더 지혜로운 사람이 있냐고 묻습니다. 그랬더니 없다는 신탁이 나왔죠.

이를 들은 소크라테스는 신탁이 틀렸음을 증명하기 위해 지혜로운 사람들을 찾아다니기 시작합니다. 지혜롭다고 알려진 사람들과 대화해 보면 자신보다 더 나은 사람을 발견할 것이고, 그러면 신탁이 틀렸음을 증명할 수 있으리라 믿었던 것이죠.

그런데 몇 년에 걸쳐 지혜롭다고 알려진 사람들을 만났지만, 그들은 실천적인 질문에만 대답할 수 있었을 뿐, 도덕적이고 본질적인 측면의 답은 하지 못했습니다. 결국 소크라테스는 깨닫습니다. "나는 내가 무지하다는 것을 아는데, 다른 사람들은 자신이 무지하다는 것은 모르는구나. 결국 신탁이 옳다."

이런 깨달음을 얻은 이후, 소크라테스는 사람이 스스로 무지함을 깨닫도록 질문을 던지면서 가르쳤습니다. 그리고 삶의 지혜를 찾도록 이끌었습니다. 이때 사용한 그의 수업 방법이 바로 '산파술'입니다. 그의 어머니가 산파로서 아이 낳는 이들을 도운 것처럼, 그는 사람들이 지혜를 깨닫도록 질문으로 도움을 준 것이죠.

플라톤, 아리스토텔레스 등으로 이어지는 고대 철학은 그의 산파술 덕에 가능했던 것인지 모릅니다. 그런데 세상 사람들이 스스로 무지하다는 것을 깨닫도록 질문을 던진 소크라테스의 행위는 당시 지도자들에게 불경한 일로 여겨졌습니다. 이는 지도자들도 무지하다고 말하는 셈이었으니까요. 그래서 그를 법정에 세운 것입니다.

## 소크라테스는 질문을
## 어떻게 활용했을까?

소크라테스는 질문을 통해 사람들이 무지하다는 것을 알도록 하는데 그치지 않고, 사람들이 지식이나 지혜를 스스로 깨닫도록 하는 데 초점을 두었습니다. 그는 질문을 던지는 행위가 상대방이 알고 있는 것을 '상기'하도록 돕는 과정이라고 했습니다. 질문을 통해 상대방이 알고 있는 것을 스스로 끄집어내도록 하려면 어떻게 해야 할까요?

플라톤의 『메논』[2]은 당시 데살리아 지역의 귀족인 메논과 소크라테스가 대화하는 장면을 기록하고 있습니다. 메논이 "배우지도 않은 사람이 어떻게 지식을 가지고 있다는 것입니까?"라고 묻자, 소크라테스는 기하학을 배운 적이 없는 노예 소년을 데려오라고 합니다. 그리고 노예 소년과 문답식으로 대화를 이어가죠.

소크라테스는 먼저 바닥에 정사각형을 그립니다. 그 후 간단한 사실을 곁들인 질문을 순차적으로 던지면서 가로 변과 세로 변 길이를 곱하면 정사각형의 면적이 나온다는 것을 노예 소년이 답하도록 유도합니다. 이것은 아직 어려운 기하학 지식은 아니지요.

이다음이 중요한 장면입니다. 소크라테스는 노예 소년에게 면적이 2배인 정사각형을 만들려면 어떻게 해야 하는지 질문합니다. 소년은 정사각형의 가로 변과 세로 변의 길이를 2배로 하면 된다고 말합니다. 이는 틀린 답입니다. 소크라테스는 원래 그렸던 정사각형 옆에 세로와 가로변이 2배인 정사각형을 그린 후, 노예 소년에게 다시 질문합니다.

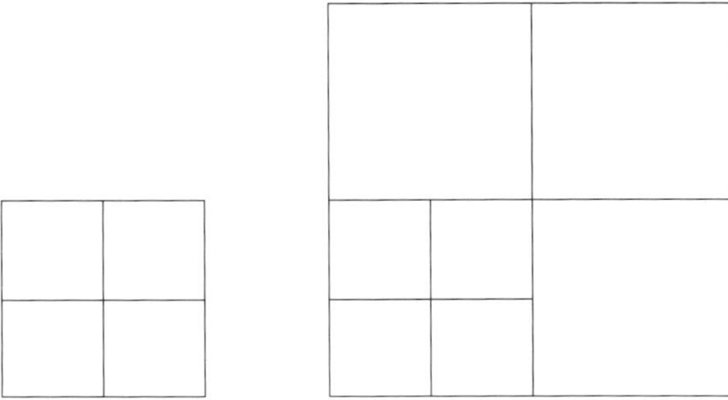

소크라테스: 네 말대로 하면 넓이가 같은 사각형이 4개가 되지 않았니?

노예 소년: 네.

소크라테스: 그러면 네가 말한 사각형은 원래 사각형보다 얼마나 더 클까?
4배가 되는 것이 아닐까?

노예 소년: 네, 그러네요.

소크라테스: 2배와 4배는 같을까?

노예 소년: 아니요.

소크라테스: 정사각형의 가로 변과 세로 변을 2배로 한 정사각형의 면적은
2배가 아니라 4배가 되었지?

노예 소년: 예, 정확히 그렇습니다.

이렇게 대화하면서, 소크라테스는 노예 소년이 틀렸음을 스스로 깨닫게 합니다. 그 후에 질문을 더 던져가며 면적이 2배가 되는 정사각형을 어떻게 그려야 하는지 스스로 알아내게 했죠. 이처럼 질문을 던지면서 학습자 스스로 알게 하는 과정을 산파술이라고 합니다.

## 소크라테스는 질문을 통해
## 무엇을 가르치려고 했을까?

소크라테스의 질문은 상대방이 답을 스스로 찾도록 돕는 역할을 합니다. 이런 방법은 "덕이란 무엇인가?"와 같은 철학적인 답을 찾을 때도 사용합니다. 플라톤의 『국가론』[3]에 나오는 소크라테스와 트라시마코스의 대화를 살펴봅시다.

트라시마코스는 오늘날로 치면 실천을 강조하는 정치철학자였습니다. 그는 국가의 법과 정의는 강자의 이익을 위해 만든 것이며, 그런 점에서 정의는 보편적인 도덕 원칙이 아니라 강자가 자신의 이익을 위해 만든 규범이라고 설명합니다. 반면에 약자는 법이나 정의를 지키지 않는 것이 더 이익이 된다고 설명합니다.

소크라테스는 공동체에서 개인이 추구하는 정의가 무엇인지 알아야 한다고 여겼고, 트라시마코스의 주장은 이에 답하지 못한다고 생각했습니다. 그래서 소크라테스는 다음과 같이 대화합니다.

소크라테스: 정의가 무엇이라고 생각하십니까?

트라시마코스: 강자의 이익이 정의입니다.

소크라테스: 강자도 물론 사람이겠지요?

트라시마코스: 예, 그렇지요.

소크라테스: 그럼 강자도 실수하겠군요.

트라시마코스: 네.

소크라테스: 그러면 강자의 잘못된 행동도 정의로운 것입니까?

트라시마코스: …….


이 대화에 앞서 트라시마코스는 실수와 같은 행동은 약자의 이익에 부합하는 것이라고 했습니다. 그가 인정한 강자의 실수는 약자에게 도움이 되므로, 그의 주장은 논리적으로 모순이 생깁니다. 트라시마코스는 질문에 답하면서 자신의 주장이 틀렸음을 스스로 깨달았습니다.

이처럼 소크라테스는 질문을 던지고 상대방의 답을 듣는 과정에서 상대방이 스스로 허점을 찾아내고 다시 질문을 던져서 궁극적인 답에 도달하도록 했습니다. 이러한 방법을 통해 그는 사람들이 무엇을 배우도록 했을까요?

첫째, 자신이 모른다는 사실을 알게 합니다. 사실 소크라테스가 말했다고 알려진 "너 자신을 알라"라는 말은 델포이 신전의 기둥에 새겨져 있던 것입니다. 당시 사람들은 소피스트의 궤변적 논증을 훈련한 탓에 광장이나 재판에서 논증적 주장을 잘하는 사람을 훌륭한 사람으로 보았습니다. 그러나 소크라테스는 당시의 궤변적 논증을 진정한 지식이나 지혜라고 보지 않았죠.

소크라테스의 질문은 자신이 아는 것이 허상일 수 있다는 사실을 알려주고, 더 나아가 내가 아는 것은 무엇이고 모르는 것은 무엇인지 깨닫게 합니다. 더 많은 질문을 하면서 최종적으로는 진정한 지식에 도달하게 하죠.

둘째, 논리적 사고 과정을 배우게 합니다. 앞에서 소크라테스가 질문하고 상대가 답하는 사례를 살펴보았습니다. 소크라테스는 치밀한 논리 구조를 가진 쉬운 질문을 순차적으로 던져서 상대방이 스스로 답을 찾도록 합니다.

소크라테스는 질문할 뿐 웅변하지 않습니다. 그 대신 그는 어떤 주장을 할 때 질문 순서를 잘 설계한 상태에서 대화를 시작합니다. 순차적으로 쉬운 질문을 여러 개 던짐으로써 상대방이 스스로 그의 논증에 동의하도록 만들죠.

셋째, 비판적으로 사고하는 방법을 알려줍니다. 소크라테스는 질문을 통해 상대방의 의견을 구하지만, 결국에는 상대방이 그 의견에 들어 있는 논리적 모순이나 문제점을 스스로 찾아내게 합니다. 여기서 우리는 어떤 주장이나 명제를 비판 없이 수용하는 일의 문제점을 알 수 있습니다.

소크라테스는 질문을 통해 이미 명확하며 참이라고 인식하는 것이 잘못 혹은 거짓일 수 있다고 상대가 자인하게 합니다. 이것은 인간에게 매우 중요한 사고 작용입니다. 이런 사고야말로 왜 인간이 질문해야 하는지, 즉 질문의 힘이 무엇인지 제대로 보여줍니다.

# 질문으로 얻는 것

> **핵심 질문**
> 질문으로 우리는 무엇을 얻는가?

## 우리는 질문을
## 잘하고 있을까?

2010년 9월, 서울에서 'G20 정상회의'가 열렸습니다. 회의를 폐막할 즈음에 각국 정상들을 대상으로 기자 회견이 열렸죠. 당시 미국 대통령인 버락 오바마의 기자 회견에는 많은 국내외 기자가 몰려들었고 다양한 질문과 답이 오갔습니다.

기자 회견 말미에 오바마는 주최국인 한국의 기자에게 질문 기회를 주겠다고 했습니다. 수많은 외신기자와 달리 한국 기자 중 누구도 질문하지 않았기 때문이었습니다. 그러나 결국 한국 기자의 질문은 나오지 않았고, 회견은 중국 기자의 질문으로 마무리되었습니다.

이후, 그 상황에 대한 의견이 분분했습니다. 누군가는 영어로 질문하기 어려워서 안 한 것이 아닌가 했지만, 당시 오바마는 한국어 통역이 있었으니 그 문제는 아니었습니다. 결국 정확한 답을 찾지는 못했지만, 질문하지 않는 한국 사회에 대한 성찰로 이어졌습니다.

2021년 워싱턴에서 열린 '한미 정상회담'에서도 유사한 상황이 일어났습니다. 당시 미국 대통령 바이든이 한국 기자의 질문을 받겠다고 했지만, 아무도 질문하지 않았습니다.

국제적으로 공개된 자리에서 질문하지 못하는, 혹은 하지 않는 경향을 두고, 한국의 정치 특성이나 기자의 직업적 상황을 이유로 보기도 합니다. 정치 또는 언론사의 기자 활동이 권위주의적이고 폐쇄적이라서 자유롭게 질문하지 못하는 게 아닐까 하고요. 그런데 이런 모습은 가정이나 학교, 드라마 등에서도 쉽게 마주할 수 있습니다. 대학 수업에서도 학생들은 교수의 설명을 받아 적을 뿐, 질문하지 않습니다.

초등학교 교실의 분위기는 사뭇 다릅니다. 초등학생들은 질문을 많이 합니다. 이들은 정말로 궁금한 것을 알고 싶거나 자신이 아는 것을 자랑하고 싶을 때 질문하는 데 익숙하죠. 그런데 초등학교 고학년으로 올라가면서 질문은 줄어듭니다. 중학교와 고등학교에서는 거의 질문하지 않게 되고요.

최근 교육학계에서는 '질문하는 교실'을 중요하게 여깁니다. 학생이 질문하는 교실을 만들어야 한다는 것입니다. 학생들의 사고력은 답하는 것이 아니라 질문하는 데서 나온다고 보기 때문입니다.

## 한국 사회에서는
## 왜 질문을 잘하지 않을까?

한 사회나 집단에서 어떤 현상이 나타나는 것은 개인의 특징보다는 집단이나 사회의 특징, 특히 법이나 제도 등 사회구조에 큰 영향을 받습니다. 예를 들어 봅시다. 많은 이들이 다른 요일에 비해 금요일에는 저녁 늦게까지 친구를 만나거나 TV를 보는데, 이는 한국이 '주5일제' 사회이기 때문입니다. 앞으로 '주4일제'로 바뀌면 목요일 저녁에 그러겠죠. 이처럼 우리의 사고나 행위는 개인적 선택이 아니라 사회구조에 영향을 많이 받습니다.

한국 사회에서 질문을 잘하지 않는 이유도 사회구조적인 측면에서 살펴보아야 합니다. 이와 관련하여 몇 가지 질문을 하면서 답을 찾아봅시다.

우선 한국의 학교 교육 측면에서 질문해 봅시다. "한국의 학교 교육이 어떠하기에 질문을 잘하지 않을까?"라는 질문의 답을 생각해 보세요. 아마 대부분이 지식 전달 위주의 학교 교육을 떠올렸을 것입니다. 맞습니다. 그렇다면 지식 전달 위주의 교육은 무엇이 문제일까요?

지식을 전달하는 식으로 교육이 이루어지는 경우, 교사는 지식을 잘 정리하여 전달하고 학생은 정리된 지식을 그대로 수용해야 시험에서 좋은 성적을 얻습니다. 이런 구조에서 질문은 자신이 무지하다는 사실을 드러내는 행위입니다. 그래서 자신의 무지를 드러내려는 것이 아닌 이상 학생들에게 질문은 필요 없는 행위입니다. 결과적으로 질문은 교사가 학생을 평가하는 경우에만 이루어집니다. 지식을 전달하는 교사는 학생이 전달받은 지식을 잘 알고 있는지 파악하기 위해 질문할 필요가 있거든요.

지식을 전달하는 학교에서는 다른 의견이 있는지 논의하고, 다른 답을 찾는 기회를 제공할 필요가 없습니다. 학생은 질문하지도 않을뿐더러 새로운 생각이나 다른 의견을 제시하려고 하지 않습니다. 남이 제시하는 것을 그대로 받아들이는 것이 유리하기 때문입니다.

이런 구조에서는 새로운 의견을 파악하기 위한 질문은 불필요합니다. 이런 구조에서는 학생이 질문하면 모르는 것을 묻는 셈이며, 수업 진도에 방해가 될 수 있습니다. 그래서 학생은 질문해서는 안 된다고 암묵적으로 배우며, 점차 질문하지 않습니다.

질문하지 않는 문화와 질문이 익숙하지 않은 경험으로 인해, 한국 사회에서 질문하는 사람은 '무지한 사람'이라는 오명을 쓸 수 있습니다. 경쟁이 심한 한국 사회에서 무지한 사람이 되는 것은 뒤처진 사람으로 인식될 수 있으므로 위험한 일이지요. 정상 회담에서 본 질문하지 않는 기자들도 이런 인식을 가지지 않았을까요?

또 다른 사회구조적 이유에 대해서도 질문해 봅시다. 최근에는 사람들 간에 하지 말아야 하는 질문이 있습니다. "어느 학교 다니니?" "취직은 했니?" "아이는 언제 낳을 거니?"와 같이 명절에 가족끼리 해서는 안 되는 질문 목록이 공유될 정도입니다. 질문 내용이 개인에게 상처를 주거나 사생활을 침해하므로, 상대를 배려하여 질문을 꺼리는 것입니다.

이런 분위기를 의식하다 보면 아예 무엇이든 남에게 질문하는 것이 문제라고 생각하게 되기도 합니다. 즉, 내가 질문하는 것이 상대방의 민감한 부분을 자극하여 문제가 되지 않을까 싶어 일상적인 질문즈차 하지 않는 것입니다.

그러나 원래 질문은 인간관계에서 친밀감을 형성하는 데 도움을 줍니다. 예를 들어 표정이 안 좋은 지인을 보고 "얼굴빛이 안 좋은데 힘든 일이 있니?"라고 질문하는 것은 염려를 담은 말로 상대를 도와주려는 의도입니다. 친한 관계라면 당연히 할 만한 말이지요. 친구들 간에도 "요즘 뭐 했어?"와 같은 사소하고 일상적인 질문은 상대에게 관심을 드러내는 표현이죠.

질문을 잘못하면 오해가 생길까 봐 이런 말들조차 꺼린다면 인간관계가 어떻게 될까요? 일상적인 질문이 사라지고, 사람들과 만나는 것이 피곤하다고 생각하는 경향이 나타날 것입니다.

이는 직장 생활에서도 나타납니다. 질문은 무능한 사람이 하는 것이고 잘못된 질문으로 인간관계가 힘들어질 수 있다는 인식이 동시에 나타나기도 하죠. 예를 들어 직장에서 동료나 상급자에게 업무와 관련하여 질문해서는 안 된다고 생각하곤 합니다. 신입 직원은 무엇인가 물어보면 능력 없는 사람으로 여겨질 수 있기 때문에 질문하지 않습니다. 이때 힘들어하는 직원에게 "도와줄까?"라고 물으면 상대의 능력을 무시한다고 오해받을까 봐 묻기도 어렵습니다.

학자들은 최근에 사회가 단순히 변화(change)하는 정도가 아니라 전환(transformation)한다고 주장합니다. 기후변화나 제4차 산업혁명 등으로 인해 삶에 큰 전환이 일어난다는 것입니다.

변화에는 교육을 통해 적응할 수 있습니다. 예를 들어 처음 컴퓨터가 나왔을 때는 컴퓨터를 사용하는 법을 배워서 적응하면 됐죠. 그런데 전환은 그렇지 않습니다.

예를 들어 기후변화에는 교육으로 적응할 수 없습니다. 에너지 전환을 통해 새로운 삶의 방식을 찾아야 합니다. 인공지능 기술이 도입되면 인공지능을 이용하는 방법만 배워서는 적응이 안 됩니다. 인공지능으로 인해 사라지거나 생기는 직업을 고려하여 직업을 전환해야 하고, 인공지능이 스스로 판단하는 정도를 통제하는 방안을 마련하려면 사회 규범 역시 바꿀 필요가 있습니다.

이처럼 사회가 변화에 머물지 않고 전환하는 시기에는, 주어진 것을 그대로 수용하지 않고 스스로 사고하고 판단할 수 있어야 합니다. 그래서 학교 교육에서도 질문의 중요성을 강조합니다. 지식을 쌓기보다 잘 활용할 필요가 있고, 그러기 위해서는 좋은 질문을 해야 합니다.

아이히만과 소크라테스의 삶을 통해 좋은 질문은 사회와 개인 모두에게 다양한 이득을 선물한다는 것을 살펴보았습니다. 아이히만의 이야기를 통해 알 수 있듯, 질문은 인간에게 삶의 목표와 방향을 알려줌니다. 소크라테스의 경우, 질문은 앎의 방법을 알려주며 질문을 통해 사회가 나아갈 방향을 제시하는 역할을 했죠.

한국 사회는 질문하지 않는 사회이지만, 전환의 시기에 질문은 더욱더 중요해질 겁니다. 질문이 필요한 이유를 같이 살펴볼까요?

첫째, 질문하는 사람은 대화를 주도할 수 있습니다. 질문이 답이나 의견을 구하기 위한 것이라는 점에서 대화 중에 답변이나 의견을 내는 사람보다 질문하는 사람이 주체가 된다는 것이죠. 그러니 질문은 무지한 사람이 아니라 주도하는 사람이 하는 행위입니다. 대화에 진입할 때 질문을 하는 것은 좋은 선택입니다. '가만히 있으면 중간은 하지'라고 생각하는 사람이 종종 있지만 사회 전환의 시기에는 가만히 있으면 도태됩니다.

둘째, 질문은 인간관계 유지에 도움이 됩니다. 예를 들어 누군가 "베트남 수도인 호치민으로 여행 갈래"라고 한 경우를 생각해 봅시다. 그럴 때는 "아냐, 베트남 수도는 하노이야"라고 직설적으로 정정해 주기보다는, "재미있겠다. 그런데 베트남 수도는 하노이 아닌가?"라고 모르는 척 질문하는 편이 좋죠.

셋째, 질문은 궁금함과 호기심을 해결해 줍니다. 강사는 수강생에게 이렇게 말합니다. "이해되지 않거나 궁금하면 질문하세요. 모르면서도 질문하지 않으면 그 순간에는 스마트해 보일 수는 있지만, 질문하면 정말로 스마트해집니다." 모르는 것을 알고 싶을 때는 답해 줄 만한 사람에게 질문하는 것이 시간을 아끼는 길입니다. 마찬가지로, 친해지고 싶은 사람에게 질문하면 상대방을 더 빨리 이해할 수 있습니다. 혼자서 답을 찾으려면 시간이 걸리는 일일수록 좋은 질문을 던지면 답을 쉽게 찾을 수 있습니다.

넷째, 질문은 해결책을 찾게 합니다. 좋은 질문은 무엇인가를 발명하게 하고, 사회를 개선하는 방법도 알려줍니다. 누군가에게는 사소해 보이거나 말도 안 되는 질문이 새로운 해결 방법을 찾는 실마리가 됩니다. 수많은 발명과 새로운 제도는 대체로 사소한 질문에서 시작되었습니다.

예를 들어 필름 카메라를 사용하던 시절엔 사진을 찍고 필름을 인화해야 해서 사진을 보기까지 시간이 많이 걸렸죠. 당시 어린 자녀가 필름 카메라로 사진을 찍고선 "왜 지금 바로 사진을 볼 수 없어요?"라고 질문하자, 이 질문을 그냥 지나치지 않고 연구한 사람이 있었습니다. 그 결과 즉석카메라, 즉 폴라로이드카메라가 발명됐습니다. 이러한 사고의 전환을 돕는 질문이 이 시대에 매우 중요합니다.

다섯째, 질문은 자신을 알아가는 데 중요한 역할을 합니다. 스스로에게 던지는 질문은 자신을 성찰하게 하고 어떤 삶을 살아야 하는지 알아가게 합니다. 앞에서 살펴본 아이히만과 같은 삶을 살지 않으려면, 스스로 질문해야 합니다.

자신의 감정에 대해서도 질문할 수 있습니다. 다른 사람과 대화하다가 그의 의도와는 상관없이 내 마음에 있던 상처가 드러난다면 어떻게 해야 할까요? 상대방을 피할 게 아니라 자신에게 질문해야 합니다. "나는 왜 이 이야기에 힘들어하는가?" 이런 질문은 자신의 상처를 확인하고 해결 방법을 찾게 합니다.

궁극적으로 질문은 자기만의 세계관을 갖게 합니다. 나는 어떤 가치를 중요하게 여기고, 세상의 어떤 면에 호기심을 가지는지, 무엇에 의미를 두는지, 어떻게 관계를 맺는지 자각하게 하죠. 그리고 다른 사람에게 나를 알리는 역할을 하기도 합니다. 결국 질문은 한 인간으로서 세계를 형성할 때 알아야 할 것을 찾아가는 길입니다. 전환의 시기에 공동체에서 삶의 방식을 찾는 일이기도 하고요.

# 좋은 질문과 나쁜 질문

> 🔍 **핵심 질문**
> 우리가 질문해야 하는 것은 무엇일까?

## 토크쇼의 보조 진행자는
## 무엇을 할까?

미디어의 토크쇼는 우리가 일상에서 질문을 가장 많이 접하는 곳 중 하나입니다. 시사 뉴스를 전하거나, 한 개인의 인생사를 알려주거나, 새로운 상품을 홍보하기 위해 다양한 질문이 오가죠.

토크쇼에는 주로 질문하는 진행자와 이에 답변하는 초대 손님이 있습니다. 초대되어 답변하는 사람은 보통 한 명인 경우가 많지만, 질문하는 진행자는 두 명 이상인 경우도 많습니다. 그럴 때는 주 진행자와 보조 진행자가 나뉘는데, 자세히 보면 두 진행자의 역할이 다릅니다.

주 진행자는 질문의 큰 흐름을 잡고 중요한 질문을 이어갑니다. 반면 보조 진행자는 초대된 사람에게 맞장구를 치거나 답변을 듣고 더 상세한 부분을 물어보거나 예상 밖의 질문을 던지죠. 그래서 중요한 답변이 보조 진행자가 던진 질문에서 나오는 경우가 의외로 많습니다. 또한 보조 질문자를 통해 더 친밀하고 다양하게 질문할 수 있습니다. 토크쇼가 이런 방식을 활용하는 것은 그 구조가 답변하는 사람에게 편하게 느껴지기 때문입니다.

토크쇼의 진행을 고려해 보면, 질문을 통해 무엇을 얻을지 정해 놓고 질문 과정을 잘 설계할 필요가 있음을 알 수 있습니다. 상세한 부분을 묻거나 의외의 질문을 던지는 등 다양한 형태로 대화가 이루어져야 합니다.

## 올바른
## 질문자의 태도는?

초등학교 교실에서 학생들은 자신이 지닌 지식을 자랑하고 싶어서 질문하는 경우가 있습니다. 예를 들어 "저는 하루에 책 4권을 읽었는데, 선생님은 하루에 몇 권을 읽으세요?"와 같은 식입니다. 이 질문의 의도는 선생님의 독서량을 알고 싶은 것보다 자신의 독서량을 칭찬받고 싶은 것입니다.

일상에서 정보나 의견을 듣거나 호기심을 해결하기 위해 질문할 때도 있습니다. 이때 좋은 질문도 중요하지만, 질문하는 방식이나 태도도 중요합니다. 어떻게 해야 할까요?

첫째, 질문을 주고받는 상대방과 어떤 관계인지 상관없이 상대를 존중하는 태도가 필요합니다. 유대인 교육법인 하브루타 토론에서 상대방을 존중하는 태도를 배워볼까요.

하브루타는 유대어로 '우정' '짝'이라는 의미가 있는데, 토론의 짝이 된 두 명은 나이나 신분 등과 상관없이 동등한 지위로 존중합니다. 질문하면서 서로 배움을 받는 존재로 인정하는 것입니다. 서로를 존중하는 두 명의 짝이 최선을 다해서 공부하고 질문하고 의견을 내고 상대의 의견을 비판하고 논의하면서 해결책을 정리합니다.

이 과정에서 상대방의 비판이나 의견은 나의 종교적 삶에 도움을 주는 것이기에 고마운 행동입니다. 짝은 대립하는 존재가 아니라, 나의 고민이나 어려움을 같이 해결하는 사람이죠. 하브루타 토론에서처럼 질문하고 답하면서 서로를 존중하는 태도는 필수적입니다.

둘째, 상대방을 존중하지 않는 질문이 아닌지 확인해야 합니다. 종종 말투나 질문의 의도, 반응 방식 등에서 상대방이 존중받지 못한다고 느낄 수 있습니다. 대체로 내 질문과 상대방의 답이 마음에 들지 않을 때 주로 이렇죠. 이 경우에는 대화가 단절되거나 갈등이 유발될 수 있으므로 주의해야 합니다.

## 어떤 질문을
## 피해야 할까?

첫째, 공격적인 질문은 좋지 않습니다. "왜 그렇게 생각하나요?"라는 질문은 중립적이지만, "왜 그렇게밖에 생각하지 못해요?"라는 질문은 공격적입니다. 질문 형태를 갖추고 있지만 비난하는 의도가 드러나기 때문입니다.

둘째, 말꼬리를 잡는 질문입니다. "그러면 우리가 잘못했다는 겁니까?" "내가 그 일을 하지 않아서 문제라고 보는 거네요?" 상대방의 말은 주어진 질문에 대한 것이지, 누군가를 비난하기 위한 것이 아닙니다. 그런데 이렇게 대응하면 더 이상 대화가 이어지기 어렵겠죠.

셋째, 대답을 끊는 질문입니다. 상대방이 답할 기회를 충분히 줘야 합니다. 아직 말하고 있는데, "그것보다는 이것이 더 좋지 않을까요?"와 같이 끼어들면 상대방은 무시당했다는 느낌을 받습니다. 새로운 아이디어를 알려주고 싶다면 상대의 답을 다 듣고 말해야 합니다.

넷째, 조롱하거나 약 올리는 질문은 피해야 합니다. "선생님이 너한테만 이러는 이유는 무엇일까?" "그 아이디어는 진심이에요?" "넌 게임 좀 할 줄은 알아?" 이런 질문은 따돌리거나 차별하는 표현이어서 언어폭력에 해당합니다. 자존심을 건드리는 질문은 하지 않아야 합니다.

다섯째, 모호한 질문입니다. "그게 그거인 거죠?" 이런 질문은 상대방이 어떻게 반응해야 할지 어렵습니다. 묻고자 하는 의도를 반영하여 구체적으로 표현해야 답하는 이들이 혼란스러워하지 않습니다.

## 좋은 질문과
## 나쁜 질문이 따로 있을까?

질문하길 두려워하는 사람들은 자신이 하는 질문이 좋은 질문이 아닐 수 있다고 생각하곤 합니다. 그런데 대화를 나누는 상황이나 목적에 따라 좋은 질문과 나쁜 질문이 결정되기에 질문 자체로 이를 판단하기는 어렵습니다. 상황이나 목적별로 어떤 것이 좋은 질문인지에 대해서는 나중에 자세히 알아봅시다. 여기서는 형식적 측면에서 좋은 질문은 어떠해야 하는지 살펴보겠습니다.

첫째, 질문의 목적이나 의도를 상대방이 파악할 수 있도록 명확하게 물어야 합니다. 그러려면 질문하는 상황을 고려해 여러 질문을 떠올리고 그중에서 가장 좋은 질문이 무엇인지 판단하는 것이 좋습니다. 예를 들어 이유를 묻는다면 '왜'라는 표현을, 방법을 묻는다면 '어떻게'라는 표현을 쓰는 등 질문 상황이나 의도에 맞는 표현을 쓰는 것이죠.

둘째, 질문을 통해 특정 행동이나 무엇인가를 요구하고 싶다면 그 범위를 정확하게 질문할 필요가 있습니다. 이때 너무 상세해도 안 되지만, 너무 느슨하게 물어서도 안 됩니다. "오늘 시간 돼?"는 너무 느슨하고, "오늘 점심에 나랑 김치찌개 먹을래?"는 너무 세밀합니다. 이 경우에는 "오늘 나랑 점심 먹을 수 있어?" 정도로 묻는 편이 좋겠죠.

셋째, 상대가 다양한 의견을 내거나 선택할 수 있는 질문이 좋습니다. 카페에서 음료를 고르는 상황이라면, "커피 마실래요?"라는 질문보다는 "어떤 음료로 할래요?"라고 하는 것이 더 좋은 질문입니다. 또,

아는 사람을 길에서 마주쳤는데 누군가와 같이 있는 경우에 "아들인
가요?"라고 묻기보다는 "누군지 소개해 주실래요?"라고 하면 오해나
편견을 막을 수 있겠죠.

넷째, 질문을 여러 개로 나누는 것이 좋습니다. 한 번에 많은 질문을
하거나 복잡한 질문을 하면 답하기 어려우니까요. 질문은 작게 나누
되, 가능하면 순차적으로 잘 연결하는 편이 좋습니다.

이를 고려하면 좋지 않은 질문의 형식도 추론할 수 있습니다.

첫째, 지식 그 자체에 대해 논박하는 질문입니다. 예를 들어 우리나
라의 수도가 서울인지 아닌지에 대해 질문하는 것은 좋지 않습니다.
이런 질문은 바로 조사해 보면 되니까요.

둘째, 상대가 답할 수 있는 것을 물어야 합니다. 상대가 어떤 분야의
전문가라면, 그 수준을 존중하여 질문해야 합니다. 다만 전문가가 사
용하는 어려운 용어보다는 내가 아는 용어로 질문하는 것이 좋습니다.
그래야 전문가가 내 수준에 맞춰 답해 줄 수 있기 때문입니다.

## 질문도
## 훈련하면 나아질까?

살면서 질문을 잘하는 사람을 만나기도 하지만, 전혀 질문하지 않는
사람도 봅니다. 개인 성향의 차이겠지만, 사회생활을 한다면 질문은
주고받아야 합니다. 질문하기가 힘들다면 이렇게 훈련하면 됩니다.

첫째, 내가 원하는 답을 얻기 위해 어떤 질문을 할 수 있는지 생각하는 훈련을 해봅니다.



## 원하는 답을 듣기 위한 질문 만들기

다음 문장을 듣기 위해 해야 할 가장 적합한 질문은 무엇일까요? 그 이유도 적어봅시다.

"저는 이전과 달리 책을 잘 읽지 않아요. 그래도 책에서 배울 게 많아서 독서에 집중하려고 노력해요. 한 달에 최소한 책 1권은 읽으려고 하죠."

질문 1. 책을 읽는 이유는 무엇인가요?

질문 2. 책을 읽으려고 노력하는 이유는 무엇인가요?

질문 3. 책을 읽기 위해 어떤 노력을 하고 있나요?

질문 4. 책을 읽으려고 노력해야 하는 이유는 무엇인가요?

위의 질문 4가지는 모두 유사합니다. 다만 질문의 구체성에서 차이가 납니다. 〈질문 1〉은 단순하면서 추상적인 질문이고, 〈질문 4〉는 규범적인 측면이 반영되어 있어서 이 또한 추상적입니다. 반면 〈질문 2〉와 〈질문 3〉은 답의 내용을 끌어내는 질문인데, 노력 그 자체보다는 이유에 더 초점을 두고 있어서 〈질문 2〉가 더 정확하다고 봅니다. 그러나 여러분은 다른 질문을 선택했다면 그것도 맞습니다.

둘째, 질문 일기를 작성해 봅니다. 날마다 하루를 성찰한 후 질문 5개를 적어보는 것입니다. 생각이나 행동에 관한 질문, 관심을 가진 사회 및 과학 현상에 관한 질문 등을 자신의 경험과 연관시켜 적으면 됩니다. 매일의 질문을 고정해 두고 답을 적는 것도 좋습니다. 이때 쓸 질문 목록을 적은 뒤 가장 좋은 질문에 별표 등을 표시해 보면 좋은 질문이 무엇인지 감이 잡힐 것입니다. 다음의 예시를 따라서 해보세요.



## 2026년 8월 15일 질문 일기

**질문 1.** 30년 후 내가 살고 싶은 대한민국은 어떤 모습인가? ★

　내 생각:

**질문 2.** 오늘 하루 가장 고마운 역사적 인물은 누구인가?

　내 생각:

**질문 3.** 오늘 내가 누군가에게 무엇인가를 베푼 것이 있는가?

　내 생각:

**질문 4.** 북반구에서는 겨울보다 여름 기온이 높은 이유는 무엇일까?

　내 생각:

**질문 5.** 아침에 가족에게 화가 난 이유는 무엇이었을까?

　내 생각:

　셋째, 질문을 여러 개로 나누고 상세하게 순서를 정하는 것입니다. 질문의 논리적 측면을 고려하여 순서를 정해도 되고, 사실적인 것에서 의견을 다루는 것으로 순서를 정해도 됩니다. 또한 답하기 편한 것부터 어려운 것으로 순서를 정해도 됩니다.



## 논리적 순서로 질문하기

제시된 질문을 논리적인 순서로 배열해 보세요.

(　　　　　　　　　　)

질문 1. 주인공의 선택을 통해 우리는 무엇을 배울 수 있을까요?

질문 2. 주인공의 선택에 영향을 준 것은 무엇이라고 생각하나요?

질문 3. 주인공은 어떤 인물인가요?

질문 4. 주인공의 선택에 동의하나요? 그 이유는 무엇인가요?

질문 5. 주인공이 경험한 선택의 상황은 무엇이었나요?

## 사실에서 의견으로 나아가는 질문 배열하기

제시된 질문에서 구하려는 답이 사실인지 의견인지 구별하고, 관련 글을 작성한다면 어떤 순서로 내용을 정리할지 배열해 보세요.

(　　　　　　　　)

질문 1. 한국의 합계출산율은 OECD 평균보다 높을까? (　　)

질문 2. 합계출산율을 국제적으로 비교하는 것은 의미가 있을까? (　)

질문 3. OECD 평균 합계출산율보다 낮아진 것은 언제부터일까? (　)

질문 4. 합계출산율을 높이기 위한 외국의 정책은 어떤 것이 있을까? (　)

질문 5. 합계출산율 제고 정책 중 한국 사회에 적용 가능한 것은 무엇일까? (　)

## 답하기 편한 것부터 어려운 것 순서로 질문하기

답하기 쉬운 것에서 어려운 순서로 질문을 배열해 보세요.

(　　　　　　　　)

질문 1. 오늘은 어제보다 공기가 맑아진 것 같지 않아?

질문 2. 날씨와 기후의 차이는 무엇일까?

질문 3. 작년과 비교하여 올해는 더 더운 것 같지 않아?

질문 4. 기후변화는 인류에게 재앙일까?

질문 5. 기후변화에 대응하기 위해 국가가 취해야 할 정책은 무엇일까?

앞의 세 활동 중 첫 번째의 답은 '3 → 5 → 2 → 4 → 1'입니다. 두 번째의 답은 '사실, 의견, 사실, 사실, 의견'이고, 순서는 여러분이 원하는 대로 적으면 됩니다. 세 번째는 답이 없는 활동이었고요.

앞으로 질문에 대하여 더 많이 배우면서 위에서 정리한 것을 적용해 봅시다.

# 생성형 인공지능에 제대로 질문하다

## 컴퓨팅 사고력 질문

# 학습 원리를 알기 위한 질문

> 🔍 **핵심 질문**
> 생성형 인공지능은 어떻게 작동할까?

## 처음 만난 세계에
## 우리가 적응하는 방법

사람들은 같은 언어만 사용해도 대화가 가능할 거라고 믿습니다. 나아가 동일한 문화에서 자란 사람과는 더 쉽게 대화할 수 있다고 생각하죠. 그러나 학교나 직장 등에서 사람들과 이야기하는 경험이 쌓일수록, 같은 언어를 사용하고 같은 문화를 누렸어도 사람마다 생각과 의도가 다르다는 것을 느낍니다. 결국은 자주 만나 서로를 알아보는 것만이 사람의 의도를 파악하고 대화가 쉬워지는 길임을 깨닫게 되죠.

연예인들의 연애 사실이 알려지면, 소속사는 '알아가는 사이'라고 표현하곤 합니다. 여기서 쓰인 '알아가는 사이'라는 말은 다른 삶을 살아온 사람을 이해하는 과정 중임을 뜻합니다. 이 과정은 연애만이 아니라 모든 만남에 필요하죠.

어떤 만남이든 서로를 이해하고 알아가야 합니다. 그리고 상대를 알아가는 가장 기본적인 방법은 대화입니다. 알아가는 사이에서는 대화에 사용하는 주된 언어 표현, 각자의 고유한 언어 사용 방법 등을 파악해야 하죠.

새로운 세계와 그에 속한 사람을 만났을 때, 언어만이 아니라 다양한 문화적 맥락도 배워야 합니다. 학교를 마치고 직장에 들어가는 것도 새로운 세계에 진입하는 것입니다. 이때 우리는 직장의 인간관계는 가족이나 친구와는 다르다는 것, 직장의 업무는 내가 원하는 대로가 아니라 주어진 대로 해야 한다는 것을 배웁니다.

다른 나라에 가도 마찬가지입니다. 한국인들은 영국이나 일본을 여행할 때, 한국과 운전석이 반대 방향이라 혼란을 경험합니다. 며칠 지내다 보면 또 익숙해지지만요.

사람들은 언제 어디서나 무엇인가를 배우고 적응하거나, 때로는 주어진 환경을 변화시키면서 살아갑니다. 이것이 가능한 이유는 인간의 언어와 학습 및 사고 능력 덕분입니다. 인간은 오감을 바탕으로 인지 능력을 통해 사고하고 학습합니다. 이 과정에서 뇌에서는 다양한 질문들을 하면서 기존의 학습으로 얻은 자료와 새로운 자료를 분석하고 비교하고 성찰하면서 기존 지식이나 정보와 연계하거나 대체하는 등 인지 활동을 하죠.

개인의 지식 자료나 정보는 기록되어 한 사회에 축적되고, 교육을 통해 다음 세대로 이어집니다. 이 과정에서 구성원이 사용하는 언어는 매우 중요한 매개체 역할을 합니다. 같은 언어를 사용한다고 곧바로 원활히 소통할 수 있는 것은 아니지만, 같은 언어를 써야 소통 자체가 가능해진다는 점은 무시할 수 없죠. 그리고 대부분의 인류 사회에서는 다음 세대가 이전 세대보다 더 많이 누적된 정보와 지식을 갖습니다. 개인과 인류가 해온 이러한 학습과 교육의 특성은 인공지능과도 관련이 있습니다.

## 컴퓨터 시스템과 인간은 같은 언어를 사용할까?

이제는 컴퓨터와 인터넷 없는 삶을 상상할 수 없습니다. 20세기 산업화 초기에 미국의 포드는 인간이 자동차 부품을 직접 조립했습니다. 하지만 컴퓨터와 인터넷 기술을 바탕으로 하는 지금은 컴퓨터 시스템을 활용하여 대부분의 생산 활동이 기계 조작으로 이루어집니다.

컴퓨터 시스템이라고 하면 일상에서 사용하는 컴퓨터와 인터넷을 주로 생각하지만, 그보다 더 넓고 큰 개념입니다. 일반적으로 컴퓨터는 프로그래밍에 따라 방대한 데이터를 모으고 검색하며 주어진 일을 처리하고 다른 기계를 제어할 수 있는 전자기계 장치를 말합니다.

초기 컴퓨터 시스템은 인간이 프로그래밍한 기계어에 따라 작동했습니다. 기계어는 컴퓨터 시스템이 작동하도록 하는 컴퓨터 언어입니다. 즉, 컴퓨터는 인간의 일상 언어가 아니라 기계들이 이해하도록 만든 명령어로 작동되도록 프로그래밍되어 있습니다. 핸드폰이나 TV도 마찬가지고요.

컴퓨터 시스템을 개발하는 사람들은 기계가 작동하도록 프로그래밍할 때 기계어를 사용하지만, 그 결과물을 이용하는 일반인들은 기계어를 몰라도 됩니다. 인간이 사용하는 컴퓨터 시스템은 기계어로 이루어져 있지만, 인간이 컴퓨터 화면에 무엇인가를 기록할 때는 인간 언어로 소통하도록 되어 있으니까요. 우리가 인터넷에서 검색할 때는 각자 자신이 사용하는 언어로 입력하는 것을 생각하면 됩니다.

기계어에 대비하여 인간이 사용하는 언어를 자연어라고 합니다. 초기 컴퓨터 시스템은 기계어로 프로그래밍되어 있어서 인간이 사용하는 자연어를 알아들을 수 없었습니다. 컴퓨터 언어와 인간 세계의 언어는 분명한 차이가 있기 때문입니다. 그러다 컴퓨터 시스템 기술이 발전하면서 기계어에 더해 기호를 활용하는 어셈블리어가 도입됐고, 최근에는 인간의 자연어까지 활용하는 고급 언어도 도입됐습니다.

컴퓨터 시스템의 고급 언어로 자연어를 사용하지만 여전히 프로그래밍에는 기계어를 사용하는 경우가 많습니다. 그래서 인간 사회로 온 컴퓨터 시스템이라는 이방인은 아직도 인간과 자연스럽게 대화하는 것이 어렵고, 스스로 인간의 문화와 생활방식을 학습하기가 쉽지 않습니다. 그런데 인공지능 기술로 이러한 관계에 변화가 나타나게 되죠.

## 인공지능의 핵심은
## 무엇일까?

〈악마는 프라다를 입는다〉라는 영화의 주인공 앤드리아는 대학 전공인 정치학과 관련된 시사 잡지사 취업에 실패하여 패션 잡지사에 취업합니다. 패션에 전혀 관심이 없었던 앤드리아에게 패션 잡지사는 새로 만난 세계입니다. 패션계의 전문 언어는 난해했고, 모델 등 관련 업종 사람들의 삶의 방식을 이해하기도 어려웠습니다. 그러나 그녀는 1년의 계약 기한을 채우면서 패션계라는 세계에 완벽하게 적응합니다.

앤드리아가 패션계를 이해하는 것처럼, 컴퓨터 시스템이 인간의 언어인 자연어를 이해하고 인간 사회를 배우며 이해하기 시작한 것은 인공지능 기술이 도입되면서입니다. 인공지능은 인간이 학습하고 사고하듯이 학습하여 추리하고 논증하는 것이 가능합니다. 학습과 사고 과정이 인간의 지능에서 일어나는 것과 유사한데, 이를 컴퓨터 시스템이 인공적으로 적용한다고 해서 인공지능이라고 부르는 것입니다. 인공지능은 인간의 뇌처럼 작동하도록 설정된 프로그램에 따라 인간이 만든 데이터를 학습합니다. 인간이 새로운 세상을 오감을 활용하여 학습하고 사고하듯이, 제공받은 데이터를 학습하죠.

인공지능의 핵심은 프로그램만 따르지 않고 인간처럼 '자율적'으로 학습하고 사고하는 것이 가능하다는 점입니다. 인공지능 이전의 컴퓨터 시스템은 정해진 프로그램에 따라서만 움직였지만, 인공지능 기술이 적용된 프로그램에서는 인간처럼 자율적으로 사고하고 학습하는 것이 가능합니다. 쉽게 말해 컴퓨터 시스템이 자신들만의 세계에서 인간이 사는 세계로 이주해 와서 인간 세계의 언어와 문화를 배워가며 적응하고 있는 셈입니다.


## 인공지능은 데이터를 어떻게 학습할까?

인간은 오감을 사용하여 기존 지식을 학습하거나 직접 경험하고 사고하면서 새로운 지식을 형성합니다. 또한 사람들과 질문하고 대화하면서 규칙을 파악하기도 합니다.

예를 들어 사계절이 있는 지역에서 살아가는 사람들은 겨울이 아무리 추워도 조만간 봄이 온다는 규칙을 알고 기다립니다. 작가들을 예로 들어볼까요. 동일한 주제에 대해 쓰더라도 시와 소설, 영화 극본의 글쓰기는 다릅니다. 이 역시 각각 글쓰기의 방법과 규칙이 다르다는 것을 학습하고 사고한 결과죠.

인공지능 또한 이렇게 학습합니다. 프로그램에 따라 제공된 데이터를 학습하기도 하지만, 제공된 데이터를 바탕으로 스스로 사고하여 규칙을 만들기도 하죠.

다만, 인공지능이 학습하는 데이터의 양과 학습 시간은 인간에 비해 어마어마합니다. 인간은 공부를 싫증내기도 하고 멍하니 딴생각을 하기도 합니다. 친구도 만나고 밥도 먹는 등 공부에만 전념하지 않습니다. 더구나 인간이 동시에 또는 단기간에 접근할 수 있는 학습량은 제한적이고, 학습 과정에서 파악한 데이터를 종합하는 데도 한계가 있어서 모두 다 활용하여 분석하기도 어렵습니다.

인공지능 기술을 가진 컴퓨터 시스템은 인간과 달리 쉬지 않고 많은 정보를 확보하여 학습하고 종합하여 분석하며 정보의 패턴을 만들 수 있습니다. 즉, 자신에게 제공된 정보나 지식, 알고리즘 등을 바탕으로 학습한 후 그것을 자료나 정보로 체계화하고, 새로운 규칙을 만드는 과정을 엄청난 속도로 해내는 것입니다.

그렇다면 인공지능의 종류는 무엇이 있을까요? 챗GPT가 많이 사용되어서 이런 대화형 인공지능이 전부라고 생각하기 쉽지만, 그렇지 않습니다. 챗GPT 같은 생성형 외에 온디바이스, 피지컬 인공지능이 있습니다.

생성형 인공지능은 딥러닝을 통해 다양한 데이터를 스스로 학습하여 새로운 데이터를 생성해 내는 것으로, 인터넷 기반으로 자료 등을 요청하면 글, 이미지, 동영상, 음악 등의 결과물을 만들어줍니다.

온디바이스 인공지능은 자동차, 청소기, 스마트폰 등의 기기에 인공지능 기술을 적용하여 사용자나 사용 환경에 관한 정보를 자체적으로 수집하고 이를 바탕으로 기기가 문제를 해결하면서 작동하는 것을 말합니다.

피지컬 인공지능은 컴퓨터 안에서 작동하는 것을 넘어서 로봇처럼 실제적이고 물리적인 형태를 지니고 인공지능 기술을 통해 세상과 상호작용하는 것을 말합니다.

인공지능을 전 세계가 직접 접한 사건을 꼽자면 '알파고'와 인간 이세돌 기사의 바둑 대국입니다. 당시 압도적인 알파고의 승리를 본 사람들은 인공지능에 대해 두려움을 갖기도 했습니다. 하지만 충격도 잠시, 그 후 인공지능을 활용한 생활 상품들이 개발되었습니다. '닥터 왓슨'과 같은 인공지능 의료 진단 시스템, 인공지능 주식 분석 시스템, 챗봇과 같은 가상 비서 등이 그 예입니다.

이들의 공통된 특징은 풍부한 자료를 바탕으로 학습한 결과로 얻은 정확한 분석, 그에 따른 문제 진단이나 해결 방안 제시입니다. 사람들은 점차 인공지능 기술이 주는 편리함을 인식하기 시작했으며, 일상에 인공지능을 활용하는 사례도 늘고 있습니다.

인공지능 기술인 챗봇은 자연어를 이해하기에 학습된 자료를 바탕으로 인간과 한정적인 의사소통도 가능합니다. 다만 가끔은 챗봇과 대화하다 보면 답답함을 느낄 때가 있습니다. 이런 상황은 왜 생길까요? 아직 인공지능이 각각의 구체적인 상황에서는 어떻게 할지 학습하지 못했거나, 인간이 사용하는 다양한 자연어를 완벽히 분석하여 유능하게 답할 능력이 되지 않기 때문입니다.

인공지능 기술의 학습에서는 가치 판단을 내리도록 하는 것이 가장 어렵다고 합니다. 인간은 "도둑질해서는 안 된다"라는 규범이 있다면 구체적인 상황에 적용할 수 있습니다. 그러나 인공지능 기술에서는 이런 가치 판단이 아직은 제대로 구현되지 않는 것이죠.

그래서 인공지능 기술을 기반으로 하는 자율주행 자동차의 경우, 자동차 사고 시 보행자와 운전자 모두에게 불리한 상황에서 누구의 안전을 우선적으로 고려하여 대처할 것인지 결정하는 것이 어렵습니다. 인간이 정해 준 프로그램에 따라 선택하기 때문입니다.

초기에는 인공지능의 학습 능력이 탁월했지만, 학습 결과를 활용하는 능력은 부족했습니다. 이는 학습한 것을 바탕으로 다른 상황에 자유롭게 적용하는 창의력이 부족했기 때문입니다. 그런데 이제는 이런 문제까지 해결하는 강력한 생성형 인공지능이 등장했습니다.

## 생성형 인공지능은 어떻게 학습할까?

최근 들어 데이터를 새롭게 생성하는 것이 가능하도록 인공지능 기술을 활용한 것이 바로 생성형 인공지능입니다. 인공지능이 자율적으로 스스로 결과물을 생성한다는 뜻입니다. 대표적으로, 인간의 요구에 맞게 시나 소개말 같은 문서, 이미지를 담은 그림이나 PPT, 소리나 음악, 동영상 등을 스스로 만들어냅니다.

인공지능 기술을 기반으로 무엇인가를 창의적으로 만들어낸다는 점에서, 인공지능 앞에 '생성형'이란 말을 붙였습니다. 이 또한 인공지능을 활용하여 데이터 학습을 합니다. 새로운 정보를 스스로 만들 때 인간의 자연어만이 아니라 이미지, 음성 등 다양한 분야의 자료를 사용하죠.

이를 보면 생성형 인공지능은 내가 요구하는 바에 따라 지적인 결과물을 생성하는 매우 똑똑한 개인 비서입니다. 그런데 생성형 인공지능이 아무리 똑똑하고 인간의 언어인 자연어와 이미지 등을 이해하더라도 원하는 것을 정확하게 요구하지 않으면 바라는 대로 결과물을 생성하지 못합니다.

한편 생성형 인공지능 기술이 내가 원하는 것을 생성하도록 하기 위해서는 나에 대해 맞춤 학습을 해야 합니다. 〈악마는 프라다를 입는다〉의 앤드리아가 처음엔 편집장의 요구에 맞춰 일을 처리하지 못하다가 나중에는 척척 일을 해내는 것은 패션계를 분석하고 편집장의 요구를 학습했기 때문입니다.

만약에 편집장이 조금 더 친절하고 구체적으로 요구했다면, 앤드리아는 더 빨리 적응했을 것입니다. 그러므로 더 상세하고 명확하게 요구하는 방법을 익혀서 생성형 인공지능이 우리가 원하는 것을 생성하도록 해야 합니다.

# 사실 질문과 가치 질문

> 🔍 **핵심 질문**
> 생성형 인공지능에 무엇을 질문해야 할까?

### 트롤리 딜레마에서
### 나는 어떤 선택을 할까?

트롤리 딜레마(trolley dilemma)라는 말을 들어보았나요? '딜레마'는 어떤 상황에서 이렇게도, 저렇게도 선택하기 어려운 상태를 말합니다. '트롤리'는 이동을 위한 전차를 가리킵니다.

트롤리 딜레마는 영국의 철학자 필리파 풋(Philippa Foot)이 제기한 도덕적 선택을 담고 있는 딜레마입니다.[1] "제동장치가 망가진 전차가 선로 위를 달리고 있는데, 현재 방향으로 계속 가게 두면 5명의 사람이 죽고, 방향을 바꾸면 1명의 사람이 죽는다. 이를 지켜보는 당신은 방향 스위치를 작동시킬 것인가?” 일반적으로 이 딜레마는 소수를 위해 다수를 희생시켜도 되는지를 묻는 도덕적 문제로 알려져 있습니다.

스위치를 작동시키는 주체인 내가 무엇을 선택하는지에 따라 상황이 달라집니다. “어떤 사람의 생명에 영향을 미치는 상황에서 무엇인가를 하는 ‘작위’와 무엇인가를 하지 않는 ‘부작위’ 중 무엇을 선택해야 하는가?”도 중요한 고려 사항이고요.

단순하게 보면, 스위치를 누르거나 누르지 않은 결과로 5명과 1명의 사망 여부가 결정됩니다. 내가 행하지 않는 ‘부작위’, 즉 그대로 두기를 선택하면 5명이 사망하고, 내가 행하는 ‘작위’, 즉 개입하여 방향을 옮기기를 선택하면 1명이 사망합니다. 나의 작위와 부작위 중 무엇을 선택할 것인지는 도덕적 문제일 뿐만 아니라, 누군가의 죽음에 대한 개인적 책임이 관여된 문제죠.

여러분은 이 딜레마에서 무엇을 선택하겠습니까? 일반적으로 대부분의 응답자는 스위치를 바꿔 5명을 살리는 길을 선택합니다. 소수보다 다수의 생명을 선택하는 거죠.

그런데 나의 ‘작위’ 상황, 즉 나의 개입 방식을 달리 제시하면 다른 결과가 나옵니다. 스위치를 누르는 대신, 선로 밖에 있는 사람 1명을 직접 밀어서 전차를 멈춰 세워야 하는 상황으로 바꿔볼까요? “5명이 있는 선로로 전차가 가지 않도록 내가 1명의 사람을 밀어야 한다면 어떤 선택을 할 것인가?” 대부분의 사람은 밀지 않겠다고 답합니다. 이 경우는 다수의 목숨보다는 그들의 생사에 관여하는 나의 작위에 따른 부담과 그로 인한 책임을 더 크게 고려한 것입니다.

이런 딜레마 상황에서 볼 수 있듯이, 우리는 공동체 사회에서 살아가며 도덕적 행동과 그에 따라 어떤 부담을 져야 하는지 알고 있습니다. 그러다 보니 인간을 살리고 죽이는 일에서 자신의 개입이 도덕적인지 비도덕적인지, 그에 대해 나의 책임은 어떠한지 고려해야 하는 경우, 판단하기가 쉽지 않습니다. 그래도 선택 상황에 놓이게 되면, 스스로 판단하고 그로 인한 책임은 본인이 져야 합니다.

## 인공지능은 트롤리 딜레마에서 어떤 선택을 할까?

트롤리 딜레마에 대한 선택에서, 인간은 도덕적으로 무엇이 옳은지 고려하고 주어진 상황에서 작위나 부작위를 자율적으로 선택합니다. 자율적 선택 행위의 주체로서 결과에 대해 자신이 부담할 책무 및 처벌에 대해서도 고려합니다.

그렇다면 인공지능은 트롤리 딜레마에 대해 어떻게 생각할까요? 주로 트롤리 딜레마는 자율주행 자동차의 선택 상황에 대입합니다. "자율주행 자동차가 작동하다가 사고가 났는데 그대로 두면 5명이 죽지만, 방향을 틀면 1명이 죽는다면 어떻게 해야 할까요?"

이 상황에서 인공지능을 바탕으로 하는 자율주행 자동차는 어떤 선택을 할까요? 그 답은 자율주행 자동차를 프로그래밍할 때 어떤 것을 고려하도록 했는지에 따라 달라집니다.

트롤리 딜레마에서 5명과 1명의 인간 중 누가 살아야 하는가에 관한 도덕적 선택은 윤리적으로 크게 3가지로 생각해 볼 수 있습니다.

첫째는 다수의 생명이 소수의 생명보다 더 중요하다는 양적 공리주의를 따르는 경우입니다. 이 경우에는 5명을 살리기 위해 1명이 있는 방향으로 가도록 프로그래밍합니다.

둘째는 현재의 방향대로 가는 것은 어쩔 수 없지만, 방향을 바꾸는 것은 의도적으로 살인을 하는 행위이므로 해서는 안 된다는 의무론을 따르는 경우입니다. 이 경우에는 사고 상황에서 주어진 방향 등을 바꾸지 않도록 프로그래밍합니다.

셋째는 인간 사회의 구성원을 대상으로 조사하여 공동체 구성원 다수가 원하는 방향에 따르는 것입니다. 이 경우에는 사회적으로 결정된 방향에 따르도록 프로그래밍합니다.

그런데 우리에게 남겨진 질문은 하나 더 있습니다. "트롤리 딜레마 상황에서 자율주행 자동차의 선택에 대해 누가 책임져야 할까요?" 인공지능은 인간이 아니기에 도덕적 선택의 주체로서 책임이 없습니다. 그러므로 도덕적 책무를 누가 져야 하는지 사회가 지정해 주어야 합니다. 제조회사가 책임을 질 것인지, 아니면 자동차 소유주가 책임을 져야 하는지 등을 논의해야 하죠.

한편 인공지능 기술이 인간의 생명을 위협하거나 사회적으로 큰 문제를 일으킬 수 있다는 점을 생각하면, 인공지능은 만능이 아님을 명심해야 합니다. 인공지능이 자율적으로 판단할 수 있는 것과 판단해서는 안 되는 것을 구분해야겠죠.

# 인공지능이 판단해도
# 되는 것과 안되는 것은?

지금까지 이해한 내용을 바탕으로 인공지능이 판단해도 되는 것과 판단해서는 안 되는 것을 구분하여 각각 2가지씩 적어봅시다.

**1. 인공지능이 판단해도 되는 것**

　—

　—

**2. 인공지능이 판단해서는 안 되는 것**

　—

　—

## 생성형 인공지능은 트롤리 딜레마에
## 어떻게 답할까?

포털 사이트에 '챗GPT에 트롤리 딜레마에 대해 질문'이라는 검색어를 넣으면, 연관된 내용을 제시한 사이트가 제법 많이 뜹니다. 트롤리 딜레마와 관련하여 생성형 인공지능에 질문한 상황이 다양하여 답변의 내용도 가지각색이고요.

챗GPT의 답변은 몇 가지 양상으로 구분할 수 있습니다. 우선, 트롤리 딜레마의 다양한 상황에 대해 알고 있다고만 답하는 경우입니다. 트롤리 딜레마에서 1명을 구해야 하는 경우와 5명을 구해야 하는 경우 각각에 대한 윤리학적 판단 근거를 제시할 때도 있습니다. 윤리적 판단이 담긴 선택은 하지 않겠다고 선언하기도 하죠.

3가지 답변은 다르지만 공통점이 있습니다. 도덕적 문제에는 답변하지 않는다는 사실입니다. 챗GPT는 사실에 대해 답할 뿐 도덕적이거나 윤리적으로 판단한 후 답하지는 않습니다. 다만 도덕적이거나 윤리적 판단을 하는 데 필요한 사실적 근거는 알려줍니다. 앞에서 살펴본 의무론적 측면이나 공리주의적 측면의 판단 근거 같은 것입니다.

생성형 인공지능은 도덕적 선택에서 주체성은 없지만, 인간이 선택에 도움이 되는 정보를 알려주는 매우 똑똑한 비서입니다. 그러므로 생성형 인공지능에 무엇인가를 요구할 때, 관련 사실에 관한 질문은 할 수 있지만 도덕적이거나 윤리적 판단을 요구하는 질문은 하지 않아야 합니다.

## 생성형 인공지능에 하거나 하지 않아야 하는 질문은?

생성형 인공지능은 트롤리 딜레마와 같이 가치 판단이 담긴 질문이나 요구에 직접적으로 답하지 않습니다. 기본적으로 챗GPT와 같은 생성형 인공지능은 제조사가 있는 제조 물품으로, 미국에서는 제조 물품으로 인한 피해에 대해 제조사와 판매사에서 책임져야 합니다. 이에 따라 챗GPT를 만든 회사에서도 자신들이 책임져야 하는 사항과 관련한 요구나 질문에는 답변하지 않도록 프로그래밍해 놓았습니다.

이를 고려해, 챗GPT와 같은 생성형 인공지능을 잘 활용하는 방법을 익혀서 그들이 답할 수 있는 것과 답할 수 없는 질문이나 요구를 구분해야 합니다.

먼저 질문을 구분해 봅시다. 질문을 구분하는 방법은 매우 다양합니다. 여기서는 챗GPT와 같은 생성형 인공지능에 할 수 있는 질문을 파악하기 위해 간단히 나눠보겠습니다.

## 사실 판단 질문은 근거를 바탕으로 파악하는 것

일반적으로 사실은 실제로 있었거나 있는 일이나 현상을 말합니다. 그런데 '팩트 체크'라는 말이 있는 것처럼, 사실이 참(진실)인지 거짓(허위)인지를 파악할 필요가 있습니다. 중세 이전에 사람들은 "지구는 네모다"를 참이라고 믿었지만, "지구는 둥글다"가 참입니다. 이처럼 내가 알고 있는 사실에 대하여 참과 거짓을 구분하는 것을 사실 판단이라고 합니다.

사실 판단은 어떤 일이나 현상이 실제로 있었거나 있는 것인지를 정보나 자료를 바탕으로 판단하는 것입니다. 이때 증명할 수 있는 정보나 자료 등의 근거가 있으면 참이고, 그렇지 않다면 거짓입니다.

사실 판단 질문에서는 증명할 수 있는 자료를 바탕으로 옳거나 틀리거나를 따집니다. 예를 들어 "6이 5보다 큰가?" "어제 동창회에 A가 왔는가?" "우리나라 헌법에서는 교사의 정치적 중립을 언급하고 있을까?"와 같이 참과 거짓을 구분하는 것입니다. 이 질문들은 "그렇게 판단한 근거는 무엇인가?"와 같은 객관적 근거를 요구합니다.

사실 판단 질문은 "예" 또는 "아니요"로 답하지만, 그에 따라 객관적 증거를 제시하지 못하면 정확한 답변이 아닙니다. 참과 거짓을 구분할 때는 어떤 근거로 그렇게 판단했는지가 중요합니다.

### 가치 판단 질문은 평가하고 선택하는 것

가치는 좋은 것, 쓸모나 값 등을 뜻합니다. 이는 개인의 선택에 따라 다르게 결정됩니다. 가치 선택을 위해 개인은 어떤 현상이나 일을 스스로 평가하고, 상황에 따라 아름다운지, 도덕적으로 옳은지, 선호하는지, 유용한지, 중요한지 등의 여부를 따집니다.

이렇게 가치를 평가하여 선택하는 것이 가치 판단입니다. 도덕 판단과 가치 판단이 다르다고 볼 수 있지만, 이 책에서는 스스로 평가한다는 점에서 같은 것으로 다룹니다. "나는 낮에 활동하기를 원하는가, 아니면 저녁과 밤에 주로 활동하기를 원하는가?" "친구가 많은 게 좋은가?" "다수결이 중요한가?" "혐오 표현을 하면 안 되는가?" 등은 가치 판단 질문에 해당합니다.

가치 판단 질문도 판단의 근거를 묻습니다. 그러나 그 근거는 사실적인 정보이기보다는 개인의 의견이나 경험 등 주관적인 것입니다. 그래서 가치 판단 질문에는 주관적인 측면에서 답하게 됩니다. 개인의

가치 판단에 따라 문제가 생기기도 하는데, 이 경우에 책임은 개인이
져야 합니다.

## 지식 질문은 인식하고 있는지 파악하는 것

사실 판단과 가치 판단은 판단 자체가 중요하지 않으며, 둘 다 근거
를 요구합니다. 사실 판단과 가치 판단에서 근거로 삼는 것이 바로 자
료나 정보입니다. 사실 판단이나 가치 판단을 할 때, 관련한 자료나 정
보를 많이 알고 있으면 판단을 내릴 때 큰 도움이 됩니다. 이처럼 어떤
대상이나 현상 등에 대해 학습이나 경험을 통해 습득한 정확한 인식
이나 이해를 지식이라고 합니다.

지식 질문은 기본적으로 사실의 인식 여부에 관한 질문이 많습니다.
알고 있는 참인 사실이 무엇인지, 그 출처는 무엇인지 등 다양합니다.
"1 더하기 1은 얼마인가?" "대한민국의 수도는 어디인가?" "이순신 장
군의 주요 업적은 무엇인가?" "사회집단의 특징과 사례는 무엇인가?"
"산업혁명의 주요 동력은 무엇인가?" 등을 예로 들 수 있습니다. 이런
질문은 "예" 또는 "아니요"라고 답할 수 없고, 참인 자료나 정보를 제
시하여 정해진 답, 즉 '정답'을 제시하지 않으면 오답이 됩니다.

"이순신 장군이 명량해전에서 승리한 것은 어디에 기록되어 있지?"
"대한민국의 제헌 헌법은 어느 나라 헌법을 기반으로 작성되었어?"와
같은 질문을 봅시다. 주관적인 답을 요구하는 것 같지만, 그 답이 사실
인지 아닌지 파악할 수 있습니다. 그래서 이런 질문도 결국은 지식 질
문입니다.

그런데 지식 질문에는 가치와 관련한 사실에 관한 질문도 포함됩니다. 트롤리 딜레마의 경우, "1명과 5명 중 누구를 살리는 선택을 할 것인가?"라는 질문은 가치 판단을 요구합니다. 반면에 "공리주의에서는 사람의 목숨을 두고 어떤 선택을 하는가?" "의무론에서는 어떤 점을 강조하는가?"라는 질문에서는 가치와 관련한 사실에 대한 지식을 묻습니다.


## 생성형 인공지능이 잘 답할 수 있는 질문은?


챗GPT와 같은 생성형 인공지능이 인간과 다른 점이 있다면, 매우 많은 정보나 자료를 지식으로 가지고 있지만 선택 상황에서 자율적으로 판단을 내리거나 사회적 책임을 지지는 않는다는 것입니다.

그래서 사실 판단 질문에는 쉽게 답합니다. 사실 판단 질문 중에서 개인정보와 관련한 부분을 제외하고, 사회적으로 사실이라고 알려진 것에 대해 근거를 제시하면서 답변해 줍니다. 반면, 생성형 인공지능은 직접적으로 가치 판단을 요청하는 질문에 답하지 않습니다. 답하기 어렵다거나 그런 질문에 답하지 않도록 프로그래밍되어 있다고 반응할 것입니다.

대신, 생성형 인공지능은 가치 판단과 관련한 사실 질문이나 사람들의 가치 선호 경향 등의 사실에 대해서는 답할 수 있습니다. 이는 가치 자체가 아니라 가치 관련 지식을 묻는 것이기 때문입니다. 예를 들어 생성형 인공지능에 "사람들은 봄, 여름, 가을, 겨울 중에서 무엇을 좋아할까?"라고 질문하면, "다양한 선택이 가능하고, 그 이유는 이것입니다"라고 관련 지식을 제시합니다.

# 역할과 단계를 고려한 질문

Q 핵심 질문

생성형 인공지능을 잘 활용하는 방법은 무엇인가?

## 인간 비서와
## 인공지능 비서의 차이점은?

미국 영화 〈인턴〉은 성공한 30대 CEO인 줄스가 70세의 벤을 인턴으로 채용하면서 지혜를 나누는 이야기입니다. 오랜 세월 직장 생활을 하고 은퇴한 벤은 경험에서 얻은 지혜로 삶의 수많은 어려움을 해결하는 방법을 알고 있습니다. 반면 줄스는 열정적으로 회사를 경영하고 있지만 가족 관계에서 고통을 겪으며 힘들어합니다.

벤이 우연히 줄스의 상황을 알고는, 자신의 경험을 바탕으로 조언해 줍니다. 줄스는 조언을 듣고 문제를 스스로 해결합니다. 이 과정에서 벤은 먼저 나서서 답을 주지 않습니다. 줄스가 필요로 할 때 적절하게 조언할 뿐입니다. 시간이 지나면서 줄스의 가족 상황 등 사적인 상황을 더 상세하게 알게 되자 조금 더 구체적으로 의견을 주지만요.

인간과 생성형 인공지능의 관계도 줄스와 벤의 관계와 비슷한 방식으로 형성됩니다. 인간이 줄스라면, 생성형 인공지능은 벤처럼 수많은 데이터를 바탕으로 우리에게 조언할 준비가 된 조력자이죠.

벤이 줄스와 대화하면서 조언이 구체화되듯, 생성형 인공지능과 대화를 많이 할수록 나의 정보와 요구 방식을 생성형 인공지능이 더 많이 습득할 것입니다. 나의 요구를 구체적으로 제시하면서 질문하거나 요청할수록 생성형 인공지능은 더 상세한 답변을 마련합니다.

다만 인간과 생성형 인공지능의 관계 형성 방식은 줄스와 벤의 경우와 다른 점이 있습니다.

첫째, 대면 관계가 아니라는 점입니다. 대면 관계에서는 언어 외에 비언어적 표현 모두가 가능합니다. 비언어적 표현은 관계가 깊어질수록 더 많이 영향을 미치며, 언어로 직접 설명하지 않아도 상대방이 원하는 것을 알 수 있게 됩니다. 그런데 인공지능과의 대화에서는 비언어적 표현을 느끼기 어렵습니다. 그래서 비언어적 표현의 자리를 더 상세한 언어적 표현으로 채워야 하죠. 즉, 나와 생성형 인공지능이 직접 정서적 유대를 형성하지 않으므로, 나의 정서적 요구까지 질문에 포함해야 합니다.

둘째, 간단히 말해도 알아서 대화가 가능하거나 대화의 질이 깊어지는 일은 기대하기 어렵습니다. 인간관계에서는 친밀해지면 상대방과 개인적인 상황과 맥락을 서로 파악하기에 답변도 풍성해지지만, 인공지능은 지속적으로 관계를 맺더라도 내 삶의 전반을 이해하기는 어렵습니다. 그 대신 전문적인 영역에서 요청이 쌓이면 더 나은 답변을 받을 수 있죠.

셋째, 인공지능과의 대화에서는 대화 주체의 지위를 부여해 줘야 합니다. 인간관계에서는 교사와 학생, 직장 상사와 동료 직원, 부모와 자녀 등 서로의 지위를 알고 있습니다. 반면, 생성형 인공지능은 어떤 관계에서 대화하는 것인지 파악하지 못합니다. 따라서 생성형 인공지능에 나와의 관계를 일대일로 설정하거나 일정한 지위를 부여해 줘야 합니다. "네가 친구가 아니라 내 상사라고 생각하면 어떤 느낌이 들 거 같아?"라고 하는 식입니다. 그래야 지원해 줄 수 있는 것과 없는 것의 경계가 명확해집니다.

## 생성형 인공지능을 나에게 맞게 학습시키려면?

### 페르소나 활용하기

'페르소나'라는 말이 있습니다. '가면'이라는 그리스어에서 비롯한 말인데, 오늘날에는 영화 등에서 작가나 감독이 투영한 가상의 인격을 가진 존재를 뜻합니다.

특정 감독의 영화에 계속 등장하는 배우가 감독의 페르소나라고 알려지면, 그 인물이 어떤 역할을 할지 어느 정도 예측할 수 있습니다. 대개 감독은 여러 작품을 하면서 소재를 달리하더라도 주제 의식은 유지하는 경우가 많은데, 이때 페르소나로 알려진 배우가 감독의 주제 의식을 완성하는 데 중요한 역할을 하기 때문입니다.

생성형 인공지능도 나의 페르소나로 작동하도록 역할을 부여할 필요가 있습니다. 인공지능에 나의 페르소나를 적용하는 방법은 여러 가지입니다.

먼저, 내가 관심을 가진 영역에 대해 페르소나를 만들 수 있습니다. 예를 들어 생성형 인공지능으로 생활 영어를 배우기로 할 경우, 대화를 시작할 때 "당신은 영어 초급 학습자를 가르치는 영국식 억양을 사용하는 선생님입니다"와 같이 지위를 먼저 지정하고 다음에 요청이나 질문을 하면 됩니다.

당신이 주식 투자 자문을 받고 싶다면, 어떻게 페르소나를 부여하는 것이 좋을까요? 단순히 "이 주식을 사는 것이 좋을까요?"라고 듣기보다는 "당신은 전문적인 주식 투자자입니다. 현재 주식 시장에 대한 현황과 전망을 깊게 분석한 자료를 검토했을 때, 여윳돈으로 이 주식을 사겠습니까?"라고 하면 직접적인 의견을 받을 수 있습니다.

만약에 학교 교사로서 전공 관련 자료를 얻고 싶다면, 'A 전공의 과목을 가르치는 고등학교 교사'라고 페르소나를 설정하면 됩니다. 학교에서 과제를 하면서 자료를 구할 때는 '(어떤 특성을 갖는) 고등학교 3학년'과 같이 구체화해야 합니다.

생성형 인공지능에 페르소나를 부여하면 인공지능이 인간의 측면에서 학습하고 결과를 제시합니다. 부여된 인격에 맞게 주체성을 가지고 정보나 지식을 해당 페르소나 수준에 맞게 하는 것입니다.

둘째, 먼저 전문적인 자료를 세밀하게 조사하도록 요청한 후, 마음에 드는 내용을 정하고 이를 알려줄 사람으로 페르소나를 정해도 됩니다. 예를 들어 "임진왜란 당시에 조선 백성의 삶을 알려주는 전문 자료를 만들되, 당시의 역사 사료와 그에 관한 관련 논문을 충분히 검토하여 자료의 목차를 정하고 활용한 사료 출처를 밝히면서 A4 4장 정도의 분량으로 정리해 줘"라고 요청하여 전문 지식을 먼저 얻습니다.

이렇게 전문 자료를 요청할 때는 출처와 근거를 알려달라고 하여 해당 자료의 진실 여부를 분석해야 합니다. 전문 자료를 검토한 후 마음에 든다면 "이 내용을 가지고 초등학교 6학년 수업 시간에 사용할 설명 자료와 함께 학생들에게 제시할 학습지 자료로 만들어줘"라고 상세하게 새로운 요청을 할 수 있습니다.

셋째, 가치를 고려한 판단이 필요한 경우에도 페르소나를 활용할 수 있습니다. 조만간 다가오는 엄마의 생일 선물을 선택하는 문제는 사실 정보인 것 같지만, 엄마나 나의 취향이 담겨 있다는 점에서 주관적인 선택입니다. 이런 경우에도 페르소나를 부여하면 답을 얻을 수 있습니다.

예를 들어 "당신이 플로리스트라면, 어머니 60세 생일을 축하하는 꽃다발에 넣을 3가지 꽃은 무엇이고, 이를 어떤 비율로 구성할 건가요?"라고 물을 수 있습니다. 전문적인 역할을 주고 그것을 누구에게 제공할 것인지 정보를 주면 주관적 선택도 가능해집니다. 그 후에 "당신이 시인이라면, 60세 어머니 생일을 축하하는 메시지로 어떤 것을 추천할 수 있나요?"라고 다른 역할을 주고 요청할 수도 있습니다.

누군가에게 나의 결정이나 판단을 부탁하는 것은 주관적인 의견이라 조언이나 답변이 쉽지 않지만, 페르소나를 부여하면 전문적인 즈언도 가능합니다. 다만 엄마의 취향은 우리가 정확하게 알기에 인공지능이 생성해 낸 자료를 바탕으로 수정하는 과정을 거쳐야겠죠.

### 나의 상황 알리기

생성형 인공지능과 대화할 때는 나의 상황을 알려야 합니다. 면대면 대화에서 이루어지는 조언이나 답변이 아니기 때문입니다. 다만 공개되어서는 안 되는 개인정보를 제시할 필요는 없습니다.

사실 경제 상황이나 거주지, 연령, 학력, 직업 등을 넣으면 더 세밀한 자료나 정보를 얻을 수 있습니다. 다만 구체적으로 제시할 필요는 없습니다. 고민을 털어놓을 때 다른 친구의 이야기인 것처럼 꾸며서 조언을 구하듯, 개략적인 정보만 제공하면 됩니다.

대략적인 상황을 제시했다면, 내가 원하는 자료를 생성형 인공지능이 잘 구성하도록 요청하면 됩니다. 예를 들어 고등학생이 토론을 위한 자료를 얻으려는 경우를 살펴봅시다. "당신은 서울에 있는 고등학교 1학년 학생입니다. 통합사회 수업 시간에 '다문화 학교에서 이중언어 수업을 해야 하는가?'라는 주제에 관해 찬반 토론을 할 건데 이때 사용할 찬성 자료와 반대 자료를 만들어주세요. 자료 구성 시 인용한 출처를 제시하고, 분량은 찬성 자료와 반대 자료 모두 4쪽 정도로 작성해 주세요"라며 상세하게 안내하면 됩니다.

다만, 생성형 인공지능은 이후의 작업에 대해서도 내가 알려준 상황을 바탕으로 정보나 자료를 제공할 수 있습니다. 그래서 상황을 바꾸어 다시 입력해야 할 수도 있다는 점은 감안해야 합니다.

## 아이에게 묻듯
## 단계적으로 질문하기

아이가 처음 언어를 배울 때 '엄마'를 정확하게 발음하기 어려워 '엄빠'라고 합니다. 이때 아이에게 '엄마'라고 수정해 주면, 아이는 어느 순간 '엄마'라고 정확하게 발음하죠.

이렇듯 재학습과 사고를 통해 실수한 내용을 정확하게 수정하는 학습 방법은 생성형 인공지능에도 필요합니다. 생성형 인공지능은 스스로 많은 데이터를 접하고 결과물을 생성할 수 있도록 프로그래밍되어 있지만, 내가 원하는 것을 바로 생성하지는 못합니다.

따라서 한 번에 원하는 것 모두를 요구하기보다는 여러 차례에 걸쳐 수정하면서 정보를 얻어내야 합니다. 생성형 인공지능도 인간의 자연어를 이해하므로, 아이가 학습하는 것과 마찬가지로 의사소통을 할수록 더 정확하게 생성해 냅니다.

생성형 인공지능에 단계별로 원하는 정보나 자료를 얻는 방법을 구체적으로 살펴봅시다. 생활용품을 파는 회사의 마케팅 업무를 담당하는 직장인이 '하반기 매출 향상 전략'을 PPT로 작성하기 위해 생성형 인공지능에 관련 자료를 요청한다면, 어떤 단계로 질문해야 할까요?

먼저, 발표를 위한 내용의 흐름이나 구조를 질문합니다. "생활용품 제조기업에 다니는 마케팅 담당자가 매출 향상을 주제로 하는 프레젠테이션을 하려고 하는데, 발표 내용의 세부 구조를 어떻게 짜는 것이 좋을까요?"라고 질문합니다. 그러면 생성형 인공지능은 PPT에 들어갈 내용을 제시해 줍니다.

둘째, 매출 향상 전략을 짜는 건 매출이 하락했기 때문일 테니 현황을 파악하려면 매출이 감소한 원인을 질문해야 합니다. "최근 6개월 동안 매출이 감소했는데, 일반적으로 생활용품 제조기업에서 매출이 감소하는 원인을 분석해 줄 수 있나요?"라고 질문합니다. 그러면 일반적인 원인을 구체적으로 제시해 줍니다.

셋째, 문제의 원인을 파악했으니, 매출 전략을 구체적으로 제안받아야 합니다. "위에서 제시해 준 원인을 바탕으로 생활용품 제조기업에서 매출을 증가시킬 수 있는 전략을 3가지 제안하고, 전략별 장점 및 단점을 구체적으로 정리해 주세요"라고 요청하면 가능한 전략을 알려 줄 것입니다. 그중에서 현재 내가 다니는 직장의 문제를 해결할 만한 전략이 있다면 이를 더 구체적으로 정리해 달라고 추가적으로 요청해도 됩니다.

넷째, 세부 내용을 어느 정도 정리했으면 슬라이드를 만들게 합니다. 슬라이드를 직접 만들기 전에 전체 슬라이드 분량과 슬라이드별로 들어갈 내용과 제목을 요청할 수 있습니다. 예를 들어 "위에서 제시한 전략적 내용으로 PPT 슬라이드를 10장 정도 만들려고 합니다. 슬라이

드별 제목과 들어가야 할 핵심 메시지를 정리해 주세요”라고 하는 것이죠. 이렇게 해서 나온 자료를 검토하고 추가할 내용을 정리합니다.

다섯째, PPT에 시각 자료를 추가할 필요가 있다면, 회사의 자료를 바탕으로 그래프나 이미지를 만들어 넣어달라고 할 수 있습니다. “제시하는 자료를 바탕으로 추가할 그래프나 이미지를 구성하여 자료를 넣어주세요”라고 요청하고, 내용이 맞는지 확인한 후 추가하면 됩니다.

여섯째, 최종적으로 PPT를 발표할 멘트를 정리해 달라고 요청할 수 있습니다. “당신이 프레젠터라면 슬라이드별로 어떤 멘트를 하면 좋을지 내용을 적어주세요”라고 요청합니다.

이처럼, 구체적인 단계마다 적절한 질문을 통해 원하는 자료를 얻을 수 있습니다. 생성형 인공지능은 자료를 보조적으로 검색하는 데 그치지 않고, 프레젠테이션 전략을 함께 짜주는 파트너 역할까지 할 수 있습니다. 생성형 인공지능을 어느 수준으로 사용할 것인지는 단계별 질문의 수준에 의해 결정됩니다.

소크라테스가 노예 소년에게서 답을 이끌어내기 위해 좋은 질문을 여러 번에 걸쳐 던진 것처럼, 생성형 인공지능도 여러 차례에 걸쳐 질문하거나 요청해야 합니다. 상황별로 어떻게 질문하여 좋은 자료를 얻을지 생각해 보세요.

## 생성형 인공지능으로
## 저출산 정책 제안 자료 만들기

고등학생들이 사회문제 탐구 시간에 '정부의 저출산 정책에 대한 비판과 새로운 제안'을 생성형 인공지능으로 만들 때 사용할 질문이나 요청 사항을 순차적으로 구성해 보세요.

## 생성형 인공지능에 질문할 때
## 주의할 점은?

생성형 인공지능은 매우 똑똑하면서 유익한 비서입니다. 그러나 인간과 달리 인간 존엄성 등의 가치를 고려하여 무엇이 가능하고 가능하지 않은지 결정할 수는 없습니다. 이러한 생성형 인공지능의 특성을 고려하여 질문할 때 주의할 점을 살펴봅시다.

생성형 인공지능은 다음과 같은 질문에는 답하지 않습니다. 여기서 답하지 않는다는 말은 답을 안 한다는 뜻이 아니라 내가 요구하는 답이 나오지 않는다는 뜻입니다.

첫째, 책임이 따르는 사항은 답하지 않습니다. 앞에서 살펴보았듯이, 인공지능은 자율적인 책임이 없으며 특정 회사가 개발하여 서비스하는 상품이라 책임을 져야 하는 부분은 답하지 않습니다. 예를 들어 "집을 지금 사야 할지 정해 주세요" "화재가 발생하면 어떻게 행동해야 하는지 책임지고 말해 주세요" 등 대답에 따른 책임이 생기는 질문은 하면 안 됩니다.

둘째, 가치편향성이 있는 질문에는 답하지 않을 가능성이 높습니다. 사회적으로 가치편향적인 질문이나 정치적으로 중립적이지 않은 사항은 답하지 않습니다. 예를 들어 "선거가 조작되었다는 이야기는 사실인가요?" "A 정당이 정치를 더 유능하게 하는 이유는 무엇인가요?" 등의 질문에는 답하지 않을 것입니다.

셋째, 차별, 혐오, 외설, 음모 등 범죄 행위와 관련된 것은 답하지 않습니다. 생성형 인공지능의 프로그래밍 과정에서 이런 사항은 다루지 않도록 설계할 가능성이 높습니다. 예를 들어 "어떤 인종이 유능한가요?" "여성과 남성 중 누가 더 논리적인가요?" "무신론자가 종교를 믿는 사람보다 도덕적인가요?" 등과 같은 질문은 해서는 안 됩니다. 사실 이런 것들은 사람 사이에도 하면 안 되는 질문이지요.

넷째, 생성형 인공지능은 거짓말이나 잘못된 내용을 제시할 때가 있으니, 생성한 것을 고스란히 믿어서는 안 됩니다. 자료를 생성한 후에는 어떤 자료를 인용했는지 출처를 요구해야 합니다. 특히 전문 자료나 학습

자료, 논문 작성을 위한 기초 자료 등은 출처 확인이 매우 중요합니다.

다섯째, 생성형 인공지능에 단순히 지식을 검색하는 질문만 해서는 안 됩니다. 검색어를 넣어서 지식을 알려달라는 질문이나 요청은 인터넷 검색 사이트에서도 가능합니다.

생성형 인공지능에 단순 검색 기능으로도 해결할 수 있는 질문을 하는 것은 저명한 물리학자인 리처드 파인만에게 '원자'에 대해 설명해 달라고 하거나, 저명한 수학자인 가우스에게 '1+1'의 값을 알려달라고 하는 셈입니다. 훌륭한 전문가에게는 그들이 잘 답할 수 있는 질문을 해야 합니다. 이러한 이유로, 생성형 인공지능이 인간의 지식을 학습하듯이 우리도 생성형 인공지능을 학습해야 하는 것입니다.

# 인간을 이해하는 질문은 따로 있다

소통하는 질문

# 존중하며 다가가기

> 🔍 **핵심 질문**
> 왜 사람과 친밀하게 지내야 하는가?

## MBTI는 개인의 특성을 정확하게 알려줄까?

MBTI 유형은 이제 보편적인 대화 소재가 되었습니다. 사람들은 자신을 소개할 때, MBTI 유형을 알려주면서 공통되는 특징을 찾기도 하고, 더 나아가 MBTI 유형별로 연애, 업무, 직업, 인간관계 등 일상의 다양한 측면에서 정체성을 규정하기도 합니다. 서로의 행동을 보고 MBTI 유형을 맞히려고도 하고, 이를 바탕으로 그 사람을 이해하려고도 합니다. MBTI 검사 결과를 바탕으로 해당 유형의 특징과 인간관계에서의 유의점, 직업이나 진로 등에 대해 전문적인 자문을 들은 사람은 자신을 정말로 제대로 분석했다며 놀라기도 하고요. 그런데 심리학자나 정신의학자 들은 이 검사를 신뢰하지 않습니다. 왜 그럴까요?

MBTI의 'M'은 마이어스(Isabel B. Myers), 'B'는 브릭스(Katharine C. Briggs)라는 사람의 성에서 따왔습니다. 마이어스는 브릭스의 딸인데, 두 사람 모두 소설가로 심리학을 전문으로 연구한 사람이 아닙니다. 대신 '융 심리학'을 바탕으로 인간 유형을 16가지로 구분할 수 있는 검사지를 구성했는데, 이것이 MBTI 검사입니다.

MBTI 검사는 1944년에 만들어졌습니다. 제2차 세계대전에 남성들이 전쟁터로 가자 여성이 대신 노동 현장으로 나가게 됐는데, 취업한 여성을 직무에 빠르게 배치하기 위해 성격 유형을 파악하기 위해 만든 검사죠. 이 검사는 자신이 생각하는 주관적인 특성을 선택한 후 점수를 내서 쉽게 유형을 파악하도록 되어 있습니다. 그래서 심리학자나 정신의학자 들은 MBTI 검사가 인간의 성격을 단순화하거나 왜곡할 수 있다고 비판합니다. 과학적인 성격 검사는 다양한 객관적 자료를 바탕으로 신뢰도와 타당도를 검증하는데, MBTI는 이런 절차를 거치지 않기 때문입니다.

게다가 사람의 성격을 너무 단순화한다는 비판도 받습니다. MBTI는 4개 지표를 조합하여 16가지 유형으로 성격을 구분하는데 인간의 성격은 4개 지표로만 나뉘지 않는 면이 있으며, 인간의 어떤 특성은 동시에 나타나거나 중간적인 측면을 보이기도 하는데 이를 반영하지 못한다는 것입니다. 또한 성격은 개인이 처한 상황이나 인간관계에 따라 달리 나타날 수도 있는데 이 또한 반영하지 못합니다.

가장 큰 문제는 하나의 성격 유형으로 한 사람을 규정하면 개인의 고유성이나 다양한 정체성 및 역사성 등을 무시하므로 내면을 정확하게 파악하기 어렵다는 점입니다. 사람을 뭉뚱그려 생각하게 되죠. 사실 '나'라는 존재는 내가 살아온 시간과 공간이 축적된 결정체이며, 다양한 인간관계와 경험한 사건에 의해 만들어가는 살아 있는 역사입니다. 이는 모든 사람이 그렇습니다. 그러므로 한 사람을 이해한다는 것은 매우 어렵고도 신비로운 일입니다. 모든 개인은 그 자체로 고유성을 인정받아야 합니다.

## 타인의 고유한 세계를 편견 없이 이해하는 법

개인의 고유성을 잘 보여주는 시가 있습니다. 정현종 시인의 「섬」과 「방문객」입니다.

사람들 사이에 섬이 있다
그 섬에 가고 싶다
　　　　　　　　　　　　　　　　　　— 정현종, 「섬」[1]

사람이 온다는 건
실은 어마어마한 일이다
그는

그의 과거와

현재와

그리고

그의 미래와 함께 오기 때문이다

한 사람의 일생이 오기 때문이다

(……)

— 정현종, 「방문객」[2]

시에서 시인은 한 개인의 고유성과 독자적 역사성을 강조합니다. 개인은 각자 고유한 역사를 가진 존재이기에 그 자체로 하나의 섬이면서 세계인 것이죠. 그렇기에 사람을 이해하는 것은 하나의 섬이나 세계를 탐험하는 일입니다.

현대인들은 이전보다 더 많은 새로운 사람과 접촉하고 상호작용하면서 살아갑니다. 그래서인지 과거에 비해 새로운 사람 만나는 것을 두려워하곤 합니다. 친밀성보다는 업무 관계로 만나는 사람들이 늘면서, 상대방의 고유한 세계를 탐험하기가 어렵기 때문일 것입니다.

그럴 때 전통적으로 새로운 사회를 탐험할 때 가졌던 '문화 상대주의'라는 태도를 참조하면, 고유성을 가진 타인의 세계를 이해하는 데 큰 도움이 됩니다. '상대주의'는 가치 판단에 객관적 기준이 없다고 보고, 한 가지 기준에 따라 판단해서는 안 된다고 강조합니다. '문화'는 한 사회나 집단 구성원이 공유하는 행동이나 상징 등의 생활양식입니다. 즉, '문화 상대주의'는 한 사회나 집단 구성원이 행하는 일상생활에 대해 일정한 기준을 적용하여 평가하지 않는 태도를 말합니다. 그 문화에 속한 사회 구성원의 삶에 영향을 미친 자연환경이나 인문 환경 등을 고려하여 문화를 그 자체로 이해하려는 것입니다. 문화 상대주의는 새로운 사회의 문화를 연구하는 인류학자들에게 요구되던 태도였습니다.

인류학자는 자신이 가진 사회나 개인적 신념 또는 가치를 바탕으로 문화를 바라보지 않고, 문화가 생성된 배경을 이해하려고 합니다. 이 과정에서 인류학자는 새로운 종족의 삶을 연구할 때 이런저런 질문을 하면서 그 근원적인 배경이나 맥락, 그에 따른 의미를 파악하려고 하죠. 우리도 지금까지 잘 몰랐거나 알고는 지내지만 친밀하지 않았던 사람을 만날 때도 인류학자들처럼 문화 상대주의적 태도를 가지고 질문을 통해 그 사람을 이해할 필요가 있습니다. 그러려면 편견과 고정관념을 내려놓고, 오로지 한 사람의 세계를 탐구하는 마음으로 질문해야 합니다. 그러면 어떻게 질문해야 새로운 세계와 만날 수 있을까요?

## 친하지 않은 사람에게는 어떤 질문을 하면 좋을까?

인류학자는 연구 대상이나 집단의 삶을 이해하려고 할 때, 관찰하면서 그 의미를 질문합니다. 그런데 이 과정에서 반드시 갖추어야 할 것이 있는데, 바로 라포(rapport), 즉 신뢰입니다. 상대방에게 내가 안전하고 신뢰할 만한 대상임을 보여주는 거죠. 그 후에 간단한 질문에서 시작하여 깊이 있는 대화로 나아가면서 그들의 세계를 이해합니다.

잘 알지 못하는 사람을 처음 만날 때도 마찬가지입니다. 인류학자들의 방법을 참고해 새로운 사람과 소통할 방법을 생각해 봅시다.

우선 표정과 대화를 통해 서로 믿을 만한 사람임을 보여주어야 합니다. 표정은 온화하게 하고 상대에게 집중하며 시선도 맞추어야 합니다. 상대방의 이름이나 기본적인 정보를 들었다면 중요 사항을 기억하여 대화하다가 사용할 필요도 있습니다.

다음으로 공감대를 나눌 수 있는 질문을 통해 서로를 알아가야 합니다. 누구나 쉽게 말하면서 공감대를 형성할 수 있는 주제가 있다면 날씨입니다. 날씨는 모두에게 영향을 주고, 별다른 생각 없이도 쉽게 이야기를 나눌 수 있는 소재이기 때문입니다.

상대방과 나의 공통점을 찾는 것도 공감대를 형성할 수 있는 대화입니다. 과거에는 같은 조상을 두었다는 '혈연', 같은 고향을 공유한다는 '지연', 같은 학교에 다녔다는 '학연'을 강조했습니다. 오늘날에는 이런 주제로 공감대를 형성하는 경향이 줄었습니다. '연줄'은 고유하고도 고정된 것으로서 변화 불가능한 것입니다. 그러다 보니 같은 연줄을 가지지 못한 경우에 대화가 단절될 가능성이 큽니다.

현대 사회에서는 연줄과 같은 개인의 고정적 특성보다 변동 가능성이 있는, 즉 유동적인 특성을 강조합니다. 운동을 좋아한다면, 지금은 걷기만 하지만 조만간 달리기도 할 수 있습니다. 이렇듯 개인의 고유성 중에서 유동적인 특성을 갖는 주제를 활용하여 질문할 수 있습니다. 운동 외에 취미 활동이라는 주제는 유동적 특성을 보이면 낯선 사람 간에도 공감대를 형성하기가 쉽습니다.

음식, 음악, 영화, 독서 등 누구나 한 번쯤 일상에서 경험한 활동은 취향이 달라도 대화를 나누기에 문제가 없는 주제입니다. 오늘 점심으로 뭘 먹었는지, 어떤 영화를 추천해 줄 수 있는지 등의 질문은 쉽게 답할 수 있으면서도 상대방의 특성을 이해하는 데 도움을 줍니다.

다만 처음 만나는 사이에서는 조심할 주제도 있습니다. 대표적인 것이 정치 성향입니다. 정치 갈등이 심한 한국 사회에서 정치 성향은 유동적이기보다는 고정성이 강합니다. 그러다 보니 정치와 관련하여 잘못 이야기를 꺼내면 대화뿐 아니라 인간관계도 단절될 수 있습니다.

종교도 유동성보다는 고정성이 강한 주제입니다. 종교에 관한 이야기를 나눈다면 단순한 궁금점 위주로 대화하며 문제가 일어나지 않도록 할 필요가 있습니다. 또한 개인정보 보호가 중요해져서, 개인의 사적 정보에 대한 부분, 즉 가족 형태나 사는 곳, 직업 등도 쉽게 질문하지 않는 것이 좋습니다.

## 잘 모르는 사람과의 대화에서
## 질문을 어떻게 활용할까?

최근에는 존중의 의미로 나이나 지위 등과 상관없이 서로 존댓말을 합니다. 질문이나 답변에서도 존대어는 서로를 존중하는 표현이 됩니다. 어쩌면 사람 간에 지켜야 할 기본적인 태도일 것입니다. 존댓말만이 아니라 대화를 나누는 방법에서도 상대를 존중하기 위해 지켜야할 것이 있죠. 앞에서 살펴본 주제로 다음과 같이 질문하면 상대를 존중하면서도 유익한 대화를 이어갈 수 있습니다.

첫째, 판단이 들어간 질문보다는 호기심을 가진 질문이 낫습니다. 예를 들어 "연세가 있으신데 달리기는 힘에 부치지 않으세요?"보다는 "달리기를 언제 시작하셨어요?"가 더 적절합니다.

둘째, 정답형보다 개방형, 즉 각자 의견을 낼 수 있는 질문이 낫습니다. "현재 기온이 몇이죠?"보다는 "좀 덥지 않으세요?"가 더 적절하죠.

셋째, 상대방에 관한 질문이라면 칭찬하면서 질문을 이어가는 것이 좋습니다. "이야기하는 걸 보면서 이런저런 장점이 있다고 느꼈는데, 그 비결이 있나요?"라는 질문은 칭찬과 관심을 동시에 드러냅니다.

넷째, 상대방이 말한 내용을 이해했음을 표현하기 위해 상대방이 알려준 정보나 내용을 담아서 대화하거나 관련된 질문을 던지는 것이 좋습니다. "친구와 여행을 즐기시는군요"와 같이 내용을 정리하면서 새로운 질문을 이어가거나, "친구와 여행을 즐긴다고 하셨는데 주로 어디로 가세요?"와 같이 추가 질문을 할 수 있습니다.

다섯째, 대화 주제나 내용 면에서 무언가를 언급하고 싶다면, 상대방에게 공감하면서 이야기를 전환할 수 있는 질문을 시도하는 것이 좋습니다. "저도 달리기가 너무 힘들어서 포기했어요. 그래서 저는 최근에 걷기를 시작했는데 혹시 규칙적 운동으로 걷기 해보신 적 있나요?"와 같이 질문할 수 있습니다.

# 관계 맺을 때 우리가 묻는 것들

> 🔍 **핵심 질문**
> 친밀한 관계를 위한 질문은 어떻게 할까?

## 친밀한 관계의 범위는 어디까지일까?

'던바의 수'는 1990년대에 영장류를 연구한 영국의 인류학자 겸 진화심리학자인 로빈 던바가 유인원 등 영장류를 대상으로 탐구한 결과 나온 개념입니다.[3] 그는 인간이 친밀한 인간관계를 맺을 수 있는 최대 수를 평균 150명이라고 계산했는데, 이것이 던바의 수입니다.

이는 한 인간이 살아가면서 친밀한 관계를 지속하는 최대치의 사람 수입니다. SNS가 발달한 현대 사회의 특징을 고려하거나 영장류 중 고도로 발달한 인간 두뇌의 특성을 고려하면 수가 더 늘어야 한다거나

"그의 논문에서 세밀한 계산이 틀렸다"라는 등의 비평도 있었습니다.[4]

그런데 그가 든 예시를 보면 150명이라는 수가 타당해 보입니다. 그는 "공항 라운지에서 그 사람을 만났을 때 어색하지 않게 인사를 나눌 정도이거나 초대받지 않은 술자리에서 우연히 만나도 당혹스럽지 않을 정도로 친숙한 사람"을 친밀한 관계라고 정의합니다. 이 정도 수준의 친밀함이라면 아마도 150명이 맞을 것입니다.

던바의 수를 개념적 측면에서만 보면, 일상에서 적극적으로 사람들과 다양한 인간관계를 유지할 필요가 있습니다. 다만 친밀한 관계에 속하는 150여 명의 관계 밀도가 모두 같을 필요는 없습니다.

던바는 의미 있는 인간관계 중에서 그 밀도에 따라 수를 달리 제시합니다. 던바의 수에 따르면, 가족과 같은 매우 친밀한 관계는 3~5명이고 친척이나 편하게 이야기하는 친한 친구는 15명입니다. 그리고 주말에 식사하는 등 친밀한 사회적 관계를 맺는 지인이 50명, 업무 등에서 사회적 관계를 맺는 지인은 100여 명 이내입니다.

이렇게 다양한 층위의 인간관계가 필요한 이유는 무엇일까요? 다양한 집단의 특징에 따라 대화 주제와 방식이 달라지고, 이를 통해 다양한 경험이 가능해지기 때문입니다. 이를 통해 일상에서 사고하고 판단하는 방식에 긍정적인 영향을 받을 수 있는 것이죠.

던바의 수에 따르면, 영장류 중 가장 지적으로 발달한 인간은 관계를 많이 맺습니다. 수많은 사람들 중 나를 힘들게 하는 관계는 정리해야겠지만, 나를 인간답게 하는 다양한 집단의 사람들과는 관계를 잘 유지해야겠죠.

## 친밀한 인간관계에서 원하는 감정은?

대체로 사람이 인간관계에서 원하는 것은 진정성과 친밀감입니다. '진정성'이라는 표현에 대해서는 학자들도 잘 설명하지 못하는데, 대개 '참모습'이나 '위선적이지 않은 행동' 등으로 정의합니다. 쉽게 표현하면, '한 개인이 고유성을 진실하게 드러내는 것'이라고 할 수 있겠죠. 문제는 사람들 간에 진정성을 보여주거나 파악하기가 어렵다는 점입니다.

그렇다면 '친밀감'은 무엇일까요? 인간관계에서 주관적으로 함께하려는 감정을 말합니다. 사람들은 친밀감을 가진 사람과 개인적이면서 주관적인 경험이나 이야기를 나누고, 그렇게 해도 안전하다고 생각합니다. 그래서 진정성은 친밀감에 중요한 요소입니다.

과거와 달리 요즘은 직업이나 일과 관련하여 인간관계를 맺는 경우가 많다 보니, 진정성이나 친밀감을 느끼는 사람을 만나기가 점점 어렵습니다. 그러다 보면 인간관계 자체에 지치는 경우가 늘어나고, 원래 친밀했던 사람들과의 인간관계도 힘들어집니다.

왜 직장 동료 등 함께 일하는 사이에서 친밀감을 느끼기가 어려울까요? 직업이나 일을 하면서 맺은 인간관계는 기본적으로 계약 관계이기 때문입니다. 계약 관계는 사람 간에 지켜야 할 권리와 의무가 중요한 만큼 아무리 가깝더라도 진정성이나 친밀감을 나누기가 쉽지 않습니다. 계약 관계에서 주고받는 질문과 답변은 주어진 의무를 다했는지, 아니면 내가 주고받을 것이 무엇인지 확인하는 경우가 많습니다. 친밀성이 끼어들 여지가 없죠. 다만 진정성을 확인하고 노력하면 계약 관계에서도 친밀감을 가질 수 있습니다.

반면 진정성이 있는 친밀한 관계에서는 감정을 공유하고, 공감과 격려, 상대방에 대한 희생과 배려 등의 애정 표현을 주로 합니다. 공감은 상대의 마음으로 상대방을 이해하는 것입니다. 앞에서 이야기한 문화 상대주의 관점을 적용하여 이해하는 것과 같습니다.

공감은 크게 인지적 공감과 감정적 공감으로 나눌 수 있습니다. 인지적 공감은 타인의 정서나 감정이 어떠할지 추정하여 지식을 바탕으로 이해하는 것입니다. 반면 감정적 공감은 내가 타인의 입장이나 상황을 직접 체험하는 것처럼 감정이입하여 이해하는 것입니다.

드라마에서 비극적 상황에 놓인 주인공에게 "네 마음 잘 알아"라고 하면, 주인공이 "네가 내 마음을 어떻게 알아?"라고 반박하는 장면이 나옵니다. 여기서 '마음을 아는 것'은 공감한다는 것인데, 서로가 말하는 공감이 다르면 이렇게 대응합니다. 아마 정서적으로 공감했다면 "네 마음 잘 알아"라고 하지 않고 그 사람의 감정을 고스란히 표현하겠지요. 그런데 대부분 인지적으로 공감하다 보니, "네가 내 마음을 어떻게 알아?"라는 반문을 듣는 것입니다.

던바는 영장류 중에서 인간은 오랜 진화 과정을 거치면서 타인과 인간관계를 맺고 사회에 적응하며 감정을 소통하고 공유하는 과정을 발달시켰다고 설명합니다. 그래서 영장류 중에서 인간이 가진 이성이나 인지 등이 최근의 것이라면, '공감', 특히 정서적 공감은 아주 오랜 역사를 가진 것이라고 봅니다.

　최근에 반려동물과 함께 살아가는 사람들은 동물과 정서적 교감을 합니다. 이것이 가능한지 의문을 갖는 사람도 있지만, 학자들도 인간과 동물이 정서적 공감을 나눌 수 있다고 말합니다. 동물과도 정서적 공감을 나눈다면 인간과는 더 잘 나눌 수 있겠죠. 그러므로 주위에 있는 사람들과 진정성과 친밀감을 나누도록 노력해야 합니다.

　공감과 관련하여 한 가지 더 살펴볼 것이 있습니다. 인간의 지능을 닮은 인공지능은 인지적 공감이 가능하지만, 정서적 공감은 하기 어렵다는 점입니다. 이 점에서 사실상 정서적 공감은 인간이 가진 매우 특별한 능력입니다. 인간의 능력은 상당 부분 교육을 통해 향상될 수 있습니다. 그러니 인공지능과 달리 인간만이 할 수 있는 정서적 공감을 잘하기 위해 노력해 봅시다.

## 친밀한 인간관계를 맺기 위해
## 던져야 할 질문

　영장류를 관찰해 온 던바는 그들의 관계 유지에 중요한 것이 '털 고르기'라고 합니다. 영장류 간에 털을 골라주는 것은 친밀감을 느끼고 공감하는 대표적인 행동이죠. 반려견이나 반려묘 들도 출산 후에는 새끼를 핥아 털을 고르면서 친밀감을 쌓아갑니다.

　던바는 영장류의 털 고르기와 유사하게 인간이 관계에서 친밀감을 형성하는 행동이 바로 친밀한 대화 나누기라고 했습니다. 이런 대화에는 서로에 대한 권리와 의무가 아니라 사랑이나 우정, 신뢰 등의 감정과 배려, 희생, 돌봄 등의 언어가 담겨야 합니다.

그런데 우리는 친밀한 관계에서도 권리와 의무에 기반한 계약 관계에서나 나눌 법한 질문을 많이 합니다. 부모는 자녀에게 "학원 갔다 왔어?" "너 숙제 다 했니?" 등 의무를 다했는지 확인하고, 자녀도 "저번에 사준다고 했던 운동화 왜 안 사줘?" "1시간만 공부하면 놀게 해준다고 했잖아?"라며 권리를 주장하죠.

여러분이 최근 친밀한 관계의 사람들과 나눈 대화를 생각해 보세요. 권리와 의무 관계에서 나온 질문을 더 많이 하지 않았나요? 이런 질문으로는 친밀감과 공감, 특히 정서적 공감을 가질 수 없습니다.

친밀감을 위한 질문은 어떻게 해야 할까요? 1997년에 이루어진 심리학 실험 결과에서 답을 찾을 수 있습니다.[5] 이 연구팀은 낯선 두 사람이 만나 빠르게 친밀감을 형성하면서 연인이 되는 데 도움을 주는 개인적 질문이 어떤 것인지 연구했습니다. 실험 결과에 따르면, 사람에게 친밀감을 느끼는 질문은 크게 세 영역으로 나뉩니다.

첫째 영역은 가볍게 자신을 공개하는 질문입니다. 예를 들어 "언제 마지막으로 혼자서 노래를 불렀나요?"와 같이 개인의 의견이나 선호를 물으면서도 상대방이 답하기에 감정적 부담이 적은 질문입니다. "누군가와 저녁 식사를 같이한다면, 누구를 선택하고 싶은가요?"와 같은 질문은 편안하게 의견을 나눌 수 있고 무엇을 답해도 되는 편한 질문입니다.

둘째 영역은 개인적이면서도 의미 있는 것을 공유하는 질문입니다. 예를 들어 "삶에서 가장 감사한 점은 무엇인가요?"와 같은 질문에 답하기 위해서는 개인적으로 자신의 경험을 깊게 검토해야 합니다. 그러면 개인적으로 중요하게 여기는 것을 공유할 수 있습니다.

셋째 영역은 감정적으로 더 친밀한 부분을 공유하는 질문입니다. 예를 들어 "당신은 어떤 것을 이유로 울어본 적이 있나요?"와 같이 개인이 가진 깊은 감정이나 취약한 부분을 생각하여 답해야 하는 질문입니다. 이에 답하는 과정에서 신뢰와 깊은 유대가 형성됩니다.

세 영역의 질문은 순서대로 이야기하면서 점진적으로 감정을 공유하게 하고, 결과적으로 두 사람은 친밀감을 형성하여 신뢰할 수 있는 사이가 됩니다. 연구팀은 후속 연구에서 이러한 질문이 연인만이 아니라 친구나 동료 등의 관계에도 긍정적인 영향을 준다고 말합니다.

이 연구팀의 실험과 그 결과가 최근에 새롭게 주목받고 있습니다. 2015년에 《뉴욕타임스》의 한 기자가 36개의 질문을 누군가와 나누면서 상대방과 사랑에 빠진 것을 기사로 쓴 것입니다.[6] 기자가 실제로 언급한 질문을 몇 가지 살펴볼까요?

1. 이 세상 누구와도 저녁을 함께 먹을 수 있다면, 누구를 택할 생각인가요?

2. 유명해지고 싶나요? 어떤 방법으로요?

3. 전화를 걸기 전에 뭐라고 말할지 연습해 본 적이 있나요? 왜죠?

4. 당신에게 '완벽한' 날은 어떤 날인가요?

5. 90살까지 살 수 있으며 마지막 60년을 30살의 마음, 혹은 30살의 몸으로

살 수 있다고 해봅시다. 몸과 마음 중 어느 쪽을 택할 건가요?

6. 당신의 인생에서 가장 감사하는 일은 무엇인가요?

7. 어린 시절에서 하나를 바꾼다면 어떤 걸 바꾸고 싶나요?

8. 오랫동안 하고 싶었던 일이 있나요? 왜 그 일을 하지 않았나요?

9. 지금까지 당신 인생에서 가장 잘한 일이 어떤 건가요?

10. 친구 사이에 가장 중요하게 생각하는 건 어떤 것이죠?

11. 가장 소중한 기억이 뭔가요?

12. 가장 끔찍한 기억은요?

13. 1년 뒤 갑자기 죽을 것이라는 사실을 알게 된다면 지금 당신의 삶을 바꿀 건가요? 왜 그렇죠?

14. 친구는 당신에게 어떤 의미인가요?

# 업무 협력을 위한 절차적 질문

> ### Q 핵심 질문
> 협력적 인간관계는 왜 중요한가?

## 사회적 존재인 인간에게
## 가장 큰 벌은?

"인간은 사회적 동물이다"라는 말과 "인간은 정치적 동물이다"라는 말 중에 어느 것이 맞을까요? 엄밀히 말하면 둘 다 틀리면서도 둘 다 맞습니다.

원래 이 표현은 플라톤의 『정치학』에 나오는 'zōion politikon(zoon politikon)'이라는 그리스어를 번역한 것입니다. 이를 그대로 번역하면 '폴리스 안의 동물'이라는 뜻입니다. 폴리스는 그리스의 공동체입니다. 그 안에서 살아가는 시민들은 정치적 행위와 일상적 삶을 공유했으니, 의역하면 '정치적 동물' 또는 '사회적 동물' 모두 가능한 표현입니다.

핵심은 동물인 인간이 공동체인 '폴리스' 내의 존재라는 것입니다. 플라톤은 인간을 폴리스 안의 동물이라는 점에 더하여 '언어를 사용하는 유일한 동물'이라는 점도 강조합니다. 그는 언어를 통해 인간이 선악과 정오(正誤)를 인식하고 이러한 인식을 공유하며 공동체를 만든다고 봅니다.

그런데 타인과 언어로 상호작용하며 살아갔던 아테네의 공동체 폴리스에는 '도편추방제'라는 제도가 있었습니다.[7] 이 제도의 이름은 민주주의를 위협하는 인물의 이름을 도자기의 깨진 부분(도편, 陶片)에 적어서 낸 데서 유래한 것입니다. 이름이 적힌 도편이 과반수가 나오면, 그 사람은 10년 동안 폴리스를 떠나 살도록 했습니다. 시민이 다른 시민을 내보내는 제도였죠. 재산과 가족은 그대로 두었지만요.

사회적 동물인 인간에게 민주주의의 실현체인 공동체를 떠나게 하는 것이니 매우 적합한 벌이라 볼 수 있습니다. 인간이 역사성을 공유하는 공동체와 대화하지 못하는 것은 매우 큰 고통임을 안 것이죠.

오늘날에도 사회마다 그 사회가 강조하는 질서를 지키지 않는 사람에게는 징역 등의 방법으로 공동체와 분리하는 벌을 내립니다. 강력한 범죄를 저지른 사람일수록 교도소에서도 혼자서 지내게 하여 인간 공동체에서 더 멀어지게 합니다. 인간이 같은 언어를 사용하는 공동체에서 존재하지 못하도록 하는 것은 매우 큰 벌입니다. 반대로 사람들과 공동체에서 대화하면서 살아가는 것은 인간으로서 큰 축복이죠.

# 우리는 왜
# 협력해야 할까?

1914년 크리스마스이브, 제1차 세계대전이 한창이던 유럽의 독일과 프랑스의 국경 서부전선에서는 적이었던 독일과 영국 군인들이 잠시 전쟁을 멈추고 같이 크리스마스를 기념했습니다.

당시 독일과 영국 두 진영은 100미터도 안 되는 거리에서 대치하고 있었죠. 그런데 전쟁과 추위 속에서도 크리스마스가 다가오자, 영국 측에서 누군가가 가족을 기리며 백파이프를 연주했습니다. 그 소리는 독일군 진영에도 들렸습니다. 독일군 측에서도 답하듯이 크리스마스 캐럴을 불렀고, 영국군 측에서는 그에 맞추어 연주를 시작했습니다.

양측에서 박수가 터져나왔지만 이내 조용해졌죠. 그러나 다시 노래가 이어졌고, 결국 군인들은 이날 하루만은 서로 술과 음식을 나누며 죽은 이들을 위해 기도하고 가족에게 무사히 돌아가길 빌었습니다.

이 사건은 상부에도 알려져 양측 모두 문책을 받았습니다. 그러나 크리스마스이브에 전쟁을 멈추었던 병사들은 나중에 이야기하길, 술과 음식을 나누었던 그 순간만큼은 적이었던 상대방이 가깝게 느껴졌다고 합니다.

이들의 이야기는 그들이 가족에게 보낸 엽서 등을 통해 알려져 영화 〈메리 크리스마스〉로 만들어졌습니다. 그들이 전쟁을 멈출 수 있었던 것은 크리스마스라는 기념일에 느낀 보편적 감정과 가족과 평화라는 가치를 생각한 덕분이기도 하지만, 어쩌면 전쟁이라는 경험을 공유했기에 가능했던 것인지도 모릅니다. 전쟁과 같은 대립은 협동과는 반대되는 현상이지만, 인간 집단 간에 일어나는 일입니다. 방향은 달라도 동일한 경험을 공유하는 것은 인간 사이에 유대와 공감을 불러오죠.

그러나 인간은 전쟁과 같은 대립 상황보다는 협력적으로 무엇인가를 할 때 크게 공감합니다. 실제로 협력적으로 일해서 큰 결실을 이룬 경우가 많습니다.

대표적으로 2018년에 태국 치앙라이 탐루앙 동굴에 10대 축구 선수 12명과 코치 1명이 갇혔을 때 구조한 사례를 봅시다. 이들은 폭우를 피해 동굴로 들어갔다가 빗물이 들어차는 바람에 안으로 더 들어가면서 고립됐습니다. 구조를 요청했지만, 동굴에 들어찬 물 때문에 구조가 쉽지 않았습니다.

당시 여러 나라의 잠수 전문가가 모여들었고, 태국 해군 특수부대 (Royal Thai Navy SEALs) 군인들과 의사들이 출동했습니다. 군인들이 동굴 내 배수 작업을 하면서 수위를 낮추었고, 잠수 전문가들은 소년들의 위치를 파악하면서 구조 작업을 했습니다. 밖에서 대기하던 의료진은 사람들을 구조한 후 바로 병원으로 이송했습니다.

매우 힘든 과정이었지만, 결국 17일 만에 13명 모두를 구조했습니다. 소년들의 생환 소식은 세계인에게 감동을 주었습니다. 구조에 참여한 이들이 국적을 초월해 보여준 협력적 태도도 감동적이었습니다. 그런데 일상 업무에서는 이런 감동적인 장면이 잘 일어나지 않습니다.

일상에서 과제나 업무를 공동으로 하면 사람들은 무임승차를 하는 사람이 생긴다며 싫어합니다. 협력적으로 업무를 하는 과정에서 불편한 경험을 할까 두려워하죠. 일상에서 같이 업무를 하는 사람들은 영화 〈어벤저스〉의 히어로 팀처럼 위대한 사람이 아니라 평범하고 연약한 마음을 가진 이들이기 때문입니다.

그래서 협력적으로 업무를 하는 인간관계에서는 구성원들이 서로를 알아가는 것이 선행되어야 합니다. 앞에서 살펴보았던 친밀한 관계를 위한 첫째 영역의 자신을 가볍게 공개하는 질문을 나누면서 서로 알아가는 것이 좋습니다.


## 팀플을 잘하려면
## 어떤 질문을 해야 할까?


MBC 일요일 예능 프로그램인 〈놀면 뭐하니?〉에서 유재석, 이효리, 비가 한 팀이 되어 아이돌 그룹 활동을 함께 준비한 적이 있습니다. 최종적인 그룹 활동을 보고 누군가는 "무임승차 없는 완벽한 팀플"이라며 칭찬했습니다.

학교나 직장에서 사람들은 무수히 많은 팀플을 합니다. 그런데 일상인의 팀플은 힘들고 상처받기 쉬운 일이 되곤 합니다. 소소한 실수도 생기고요. 그래서 능력이나 개성이 다 다른 사람들이 공동체를 이루어 팀플할 때는 필요한 것이 있는데, 서로 소통하는 일입니다. 이 과정에서 질문을 잘해야 하죠.

팀플에서 리더가 있으면 그가 전적으로 이끌어도 되지만, 구성원이 함께 질문하면서 과제를 해결해야 하는 경우가 더 많습니다. 함께 공동으로 과제를 하는 경우, 소통하면서 어떤 질문들을 해야 할까요?

### 목표나 방향을 확인하는 질문

— 이번 프로젝트의 목표는 무엇인가요?

— 이번 프로젝트를 어느 수준까지 해야 할까요?

— 프로젝트명을 무엇으로 정할까요?

— 이전에 했던 다른 프로젝트와 달리 새롭게 해야 할까요?

— 프로젝트 진행 과정을 계획해 볼까요?

### 역할 분담을 위한 질문

— 이 프로젝트에서 각자의 역할은 무엇인가요?

— 프로젝트와 관련하여 각자 무엇을 잘하나요?

— 이 부분을 누가 맡으면 좋을까요?

— 혹시 이 부분 자원하는 사람이 있나요? 자원하는 이유도 설명해 주세요.

### 진행 사항을 점검하는 질문

— 전체 진행 과정 중 지금은 어느 단계인가요?

— 진행 일정이 계획에 따라 잘 이루어지고 있나요?

— 일정이나 방법에서 변경할 부분이 있나요?

— 더 추가하거나 새롭게 할 것이 있나요?

**도움을 받으려는 질문**

— 이 부분은 제가 하기엔 역부족인데, 도와주실 분 있나요?

— 이 부분에 대한 아이디어가 필요한데, 도와주실 분 있나요?

— 관련 자료 추천해 주실 분 있나요?

— 저와 일정을 바꾸어주실 분 있나요?


**피드백을 주고받는 질문**

— 제가 무엇을 개선해야 할까요?

— 추가로 이런 것을 더 넣었으면 하는데, 다른 의견 있으신가요?

— 이 부분을 조금 더 상세하게 제시하면 좋을 것 같은데, 좋은 의견 있으신가요?

— 결과물에 대해 개선책을 주실 분 있으실까요?


# 협력 업무를 잘하려면
# 어떻게 질문해야 할까?

'꼰대'라는 표현이 있습니다. 원래는 교사나 나이 든 사람, 기성세대를 비하하는 표현이었는데 요즘에는 권위적으로 가르치려 드는 사람을 지칭하는 말이 되었습니다. 이들의 가장 큰 문제는 상대방과 내가 수평적인 관계가 아니라 수직적 관계라고 여기는 태도입니다.

업무나 과제를 같이 하는 사람들은 수평적 관계여야 합니다. 수평적 관계는 기본적으로 근대 이후에 형성된 '시민 동료'라는 개념에 뿌리를 두고 있습니다. 근대 사회에 '시민'은 공동체에서 계약 관계이며 선거에서 1표를 갖는 동일한 지위의 사람들입니다. 그런 점에서 시민 동료는 자신의 이익을 중요하게 여기지만 협력하여 공동체를 유지하는 것도 중요하게 여기며, 이 과정에서 평등이 중요한 가치가 됩니다.

시민 동료로서 협력 업무를 잘하려면 민주적이고 상호 존중하는 태도를 바탕으로 하는 인간관계와 대화가 중요합니다. 그러려면 내가 원하는 것을 강요하기보다 요청하거나 안내할 필요가 있습니다. 대표적으로 나를 주어로 하는 'I-메시지'를 사용하는 것이 좋은 방법입니다. "나는 당신이 이것을 해주면 좋겠어"라고 말하는 것입니다.

상대와 같이 일하면서 질문할 때도 다음과 같이 협력적 태도를 취해야 합니다.

첫째, 질문을 명확하고 간결하게 하고, 공개적으로 할지 비공개로 할지 잘 판단해야 합니다. 팀플이나 협업에서는 서로 시간을 지켜주어야 하기에 핵심 사항만 명확하게 질문합니다. 협력하여 논의하는 과정에서 시간적인 여유가 있을 때만 심층적으로 질문하고, 그렇지 않을 때는 개인별로 질문하는 것이죠. 실수에 대한 개선을 요청하는 등의 질문은 비공개로 하고, 모두가 알아야 하는 질문은 동시에 공유합니다.

둘째, 야단이나 비난을 담기보다는 멘토처럼 안내할 필요가 있습니다. "일을 이렇게밖에 못 해?"라고 비난하기보다는 "이 일이 힘들죠. 이렇게 하면 어때요?"라고 안내하는 것입니다. "왜 그렇게 했어요?"보다는 "그렇게 하신 이유가 궁금합니다"라고 묻는 편이 낫습니다.

셋째, 명령하지 않고 부탁합니다. 예를 들어 "이거 이번 주까지 끝낼 수 있죠?"라는 명령조의 말보다는 "이거 이번 주까지 일정을 맞출 수 있을까요?"라는 부탁이 더 적절합니다.

넷째, 상대방의 잘못에 대해 책임을 묻는 것이 아니라 미래지향적으로 해결하는 질문을 하는 것이 좋습니다. 협력하여 일하면서 누군가가 실수했다면 잘못을 가릴 것이 아니라 같이 해결할 상황이라고 인식해야 합니다. 시민 동료로 협력하여 해결하기 위해서는 "이거 네가 책임질 거야?"라고 문책하기보다는 "문제가 생겼군요. 이것을 어떻게 해결해 볼까요?"라고 묻고 같이 해결 방법을 찾아야 합니다.

# 자신을 분석하고 이해하다

메타인지 질문

# 스스로에게 던져야 할 질문

> **Q 핵심 질문**
> 왜 인간은 자신을 탐색해야 하는가?

## 혼자 살면
## 말을 잃을까?

프랑스 작가 장 지오노의 단편소설 『나무를 심은 사람』[1]은 주인공이 만난 '나무 심는 양치기'에 관한 이야기입니다. 1913년 프랑스 남부 지방에서 산속을 여행하던 주인공이 길을 잃고서 그 지역에서 홀로 살며 양을 치던 사람을 만납니다.

이유는 모르지만, 양치기는 가족을 잃고 홀로 양을 키우며 살아갑니다. 몇 년 동안 홀로 양을 치면서 시간이 날 때마다 황무지에 도토리 열매를 심어 숲을 가꾸고 있었습니다. 우연히 양치기의 집에 잠시 머무르며 그 모습을 본 주인공은 제1차 세계대전에 참여한 후 황폐해진 자신의 마음을 달래기 위해 다시 양치기가 살던 곳을 찾습니다.

그곳에서 그는 예전보다 더 울창해진 숲을 발견합니다. 하지만 양치기는 여전히 더 많은 나무를 심으면서 숲을 일구고 있었습니다. 더 이상 그는 양을 치지 않았는데, 양이 나무 싹을 먹어치웠기 때문이었습니다. 대신에 그는 벌을 키우고 있었습니다. 숲을 가꾸는 데는 벌이 더 적합했기 때문이죠.

양치기가 나무를 심어 숲을 가꾼 덕분에, 황무지는 꽃이 피고 물이 흐르는 곳으로 변화했습니다. 덕분에 사람들이 모여 마을을 이루었죠. 사람들은 그것이 양치기의 노력인 줄 모르고 있었습니다. 그 후에도 그는 간간이 양치기가 사는 곳을 찾습니다.

책을 읽다 보면, 오랫동안 혼자 살아온 한 양치기의 노력이 수많은 사람의 일상 터전을 회복해 낸 위대한 모습을 목격하게 됩니다. 더불어 말을 잃고도 오랜 기간 외로움을 견뎌낸 양치기의 삶을 생각하게 됩니다. 그가 정말 말을 잃은 것이었을까요?

인간은 혼자 말하거나 마음속으로 말하는 존재입니다. 그런 점에서 『나무를 심은 사람』 속 양치기가 말을 잃었다는 것은 사람들과 대화하지 않았다는 것이지, 혼자서 생각하거나 혼잣말하지 않았다는 의미는 아닐 것입니다. 자신을 객관화하여 혼자서도 대화가 가능한 것이 인간이니까요.

## 인간이 혼잣말을
## 하는 이유는?

TV 예능 프로그램에서 외국인들이 한국인들은 다른 나라 사람에 비해 혼잣말을 많이 한다고 하는 말을 들은 적이 있습니다. 물건을 찾는 경우는 "가만있어보자. 이게 어디 있지?"라고 한다거나, 배가 고플 때 여러 명이 있는데도 혼잣말로 "아, 배고파"라고 한다는 것입니다.

『나무를 심은 사람』의 양치기처럼, 오래 혼자 살아온 사람은 혼잣말이 익숙합니다. 사람들과 인간관계를 하다가 이런저런 이유로 혼자 살게 되면, 대화 대상은 없지만 혼잣말을 합니다. 자기 자신과 대화하는 것입니다.

사람들은 혼잣말이 외로움이나 고독의 결과이고 심리적 위안을 얻기 위한 행동이라고 이해하는 경우가 많습니다. 그러나 인간이 자신과 대화하는 이유는 단순하지 않습니다. 혼잣말은 매우 다양한 순간에 일어납니다.[2] 어떤 경우인지 볼까요?

무엇인가 할 것이 기억났거나 계획을 세우는 과정에서 혼잣말을 합니다. 예를 들어 "아, 이거 잊고 있었네, 빨리 보내야지""아, 이거는 생각도 못 했네" 등의 말을 하는 것입니다.

자신을 격려할 때도 혼잣말을 합니다. 대표적으로 "힘내자, 아자 아자!"라고 하는 것처럼 긍정의 표현으로 자신의 불안을 잠재우는 경우가 있습니다. 이땐 질문의 형태로도 합니다. "너 잘할 수 있지?"라며 스스로를 격려하는 것이 대표적입니다.

자신을 자책하거나 칭찬할 때도 혼잣말을 합니다. "에이, 멍청이, 내가 이걸 왜 이렇게 했지?"라거나 "오, 내가 생각해도 너무 잘했는데!"라며 혼잣말한 경험은 누구나 있을 것입니다.

자신이 무엇인가에 기억하거나 몰두할 때도 혼잣말을 합니다. 물건을 찾으면서 "이게 어디 있지?"라고 하고, 물건을 사러 가서는 기억을 회상하기 위해 "자, 내가 사야 할 물건이 이거랑 이거였어. 이제 다 산 거 맞지?"라고 하죠.

자신의 감정이나 정서를 표현할 때도 혼잣말을 합니다. "아이, 짜증나" "겨우 다 했네. 다행이다"와 같은 말들이죠. 이런 말은 대부분 머릿속으로 생각하거나 느끼거나 관찰한 것의 표현입니다. 혼잣말은 생각이나 의식을 정리하면서 자신을 객관적으로 바라보게 합니다.

## 혼잣말을 어떻게 해야 좋을까?

혼잣말은 유아들이 성장 과정에서 하는 경우가 많습니다. 아이들을 관찰한 연구에서는 문제를 해결하면서 혼잣말을 한다고 합니다. 어릴 때 혼잣말하면서 문제 해결에 성공한 경험들이 쌓이면서 무엇인가를 찾아야 하거나 집중하는 등의 상황에서 자신을 격려하는 혼잣말을 하게 된 경우가 많다는 것입니다.

한 연구에 따르면, 혼잣말은 다른 사람과의 의사소통을 높여주며 사람들과의 관계에서 자신의 역할과 타인의 역할을 복합적으로 인식하는 데 긍정적인 역할을 합니다.[3] 대학생을 대상으로 한 또 다른 연구에서는 혼잣말의 내용이 중요한데, 자기비판보다 자기 격려를 하는 경우에 과제 수행이나 스트레스 해소에 긍정적으로 작동한다고 합니다.[4]

미국 일리노이대학교 연구팀에 따르면 혼잣말할 때 1인칭인 '나'를 쓰는지, 2인칭인 '너'를 쓰는지에 따라 자제력에 차이가 난다고 합니다.[5] 대학생을 대상으로 한 실험에서 1인칭으로 자신을 지칭하고 격려한 집단보다는 2인칭으로 지칭하고 격려한 집단의 과제 완성도가 높았던 것이죠. 혼잣말에서 1인칭 격려는 자신이 하는 것같이 들리지만 2인칭의 격려는 다른 사람의 말처럼 인식되기 때문입니다.

2인칭으로 혼잣말할 때는 서술형보다 질문형이 더 도움이 될 수 있습니다. "넌 잘할 수 있어"라고 단정하기보다는 "너 잘할 수 있지?"라고 하면 그 질문에 부응할 방법을 생각해 볼 수 있기 때문입니다.

이런 결과들을 보면 힘든 일을 하거나 자기 격려가 필요할 때, 스트레스 해소가 필요할 때는 혼잣말하는 것이 유용합니다. 특히 "난 잘할 수 있어!"라고 하기보다 "넌 잘할 수 있어!"라고 하거나 "너 어떻게 하면 되는지 알고 있지?"라며 자기를 대상화할 필요가 있습니다.

자신을 대상화한다는 것은 자신을 객관화한다는 뜻입니다. 일상에서 다양한 순간에 자신을 대상화하는 혼잣말, 특히 격려하는 혼잣말로 스트레스를 풀고 문제를 해결해 보기 바랍니다. "넌, 잘할 수 있어! 잘할 수 있지?"

# 자신의 인지 과정 성찰하기

> 🔍 **핵심 질문**
> 왜 메타인지 질문을 해야 하는가?

## '이불킥'하는 이유는
## 무엇일까?

'이불킥'이라는 말이 있습니다. '이불을 발로 찬다'라는 의미인데, 일반적으로 '자신이 과거에 했던 일이 떠올라 괴로워하는 상황'을 비유하는 표현입니다. 다른 사람의 조언이나 잔소리가 아니라 스스로 자신의 부끄러움이나 창피함을 각성하는 순간 우리는 이불킥을 하죠.

인간이 자책하는 것은 자신이 한 행위를 반추하거나 성찰하기 때문입니다. 그 당시에는 몰랐지만 되짚어보면 창피한 상황임을 깨닫는 것이죠. 자책의 대상은 보통 사소한 실수, 충동적인 행동이나 표현인 경우가 많습니다.

이불킥할 행동을 한 경우에 어떻게 해야 할까요? 앞에서 혼잣말을 살펴보면서도 부정적인 혼잣말보다는 긍정적인 혼잣말이 과제 해결에 더 긍정적인 영향을 준다고 했으니, 이불킥 상황에서도 창피함에 매몰되지 않아야 합니다. 그 대신 자신이 왜 그렇게 행동했는지, 그런 행동이나 언어 사용을 하지 않기 위해서는 어떻게 해야 하는지 적극적으로 되짚어봐야죠.

자기 자신에게 관심을 가지고 사고하고 판단하면서 더 나은 상태로 나아가는 방법을 찾는 것은 인간의 삶에서 매우 중요합니다. 바로 이런 과정에서 사용하는 사고력을 '메타인지'라고 합니다.

## 메타인지란
## 나를 바깥에서 보는 것

메타인지라고 하면 단순히 '자신을 잘 아는 것'이라고 생각하는데, 이건 메타인지를 지나치게 단순화한 것입니다. 조금 더 자세히 알아봅시다. 영어로 'meta-cognition'이라고 하는 메타인지는 '초인지' '상위인지' '인지에 대한 인지'라고도 표현합니다.

'인지'는 인간이 자신의 외부에 존재하는 대상이나 현상을 인식하여 이해하는 것입니다. 학교에서 선생님이 설명하는 것이 무엇인지, 내가 입고 있는 옷이 어떤 모양이고 무슨 색인지, 저기서 움직이는 사람들이 싸우는지 경기를 하는지, 사람들이 대화하는 내용의 의미가 무엇인지 등을 인식하여 이해하는 그 모든 것을 인지라고 합니다.

'메타'는 그리스어에서 유래한 접두어로, 어떤 단어 앞에 메타를 사용하면 '뒤에' '다음에' '넘어서' '초월하여'라는 의미를 갖습니다. 메타인지는 인간인 내가 외부 대상에 대해 인지하는 것을 초월하여 인지하는 것, 즉 '인지하는 나 자신과 인지한 방법이나 내용에 대한 인지'입니다. 내용이 어렵다면 혼잣말 한번 하세요. "넌 이해할 수 있어."

이 말은 미국의 발달심리학자 존 플라벨(John H. Flavell)이 1979년에 발표한 논문에 쓴 표현입니다.[6] 플라벨은 메타인지를 "자신의 인지 과정을 이해하고 조절하는 능력"이라고 설명했습니다.

말 그대로 메타인지는 인지를 초월하는 것인데, 이를 단순하게 설명하면 '인지하는 자신을 자신의 외부에서 살펴보는 것'이라 할 수 있습니다. 영화나 드라마에서 죽은 사람이 자신의 몸에서 영혼이 빠져나와 죽어 있는 자신을 위에서 내려보는 장면이 가끔 나오죠. 이처럼 메타인지는 인지하고 있는 자신을 외부에서 바라보면서 인지하는 것입니다.

자기 자신을 주관적으로 가장 잘 아는 것은 자신이니, 그 주관적인 자료를 바탕으로 인지하는 자신을 검토할 수 있게 하는 것이 바로 메타인지입니다. 현재 자기 외부의 대상이나 현상을 인지하고 있다면 자신이 인지 과정을 잘하고 있는지, 그 일과 관련하여 실수할 가능성은 없는지 등을 스스로 살펴보세요. 그것이 바로 메타인지입니다.

메타인지는 스스로 실천해 봄으로써 배워야 합니다. 즉, 메타인지를 갖기 위해서는 스스로 훈련해야 합니다.

## 혼잣말은 메타인지에
## 도움이 될까?

메타인지는 자신의 인지에 대한 인지이니, 사실 내 머릿속에서 일어나는 과정입니다. 예를 들어 삼각형의 면적을 구하는 사고를 하는 과정은 인지이고, 그 인지 과정을 하면서 '지금 여기서 사용하는 이 공식이 삼각형의 면적을 구하는 공식이 맞아?'라고 생각하는 경우를 봅시다. 이때의 질문은 삼각형의 면적을 구하는 인지 과정이 적절한지를 확인하는 생각에 관한 것으로, 메타인지 질문입니다.

메타인지는 내 머릿속에서 일어나는 것이기에 대체로 말로 표현하지 않고, 속으로만 질문하는 경우가 많습니다. 내적 언어를 사용하여 메타인지를 하는 것입니다. 반면에 메타인지를 스스로 말하면서 드러낼 수도 있습니다. 이 경우에는 메타인지를 혼잣말로 표현합니다.

내적 언어나 혼잣말에 대해 구소련의 인지심리학자 레프 비고츠키 (Lev S. Vigosky)의 설명을 살펴봅시다.[7] 비고츠키는 아동이 타인과 언어로 소통하면서 사고가 발달한다고 설명합니다. 예를 들어 아이가 장난감을 가지고 쌓으면서 놀다가 무너진 경우, 옆에서 보던 보호자는 "어, 왜 무너졌을까? 너무 높게 쌓았나? 다시 해볼래?"라고 말합니다. 아이는 이 말을 듣고 자신의 머릿속에서 해결 방법을 생각합니다. 이처럼 아이의 사고 과정을 도와주는 주변 사람의 언어를 '사회적 언어'라고 합니다.

비고츠키는 아동이 사회적 언어를 내적 언어로 전환하는 과정도 설명합니다. 부모 등 보호자의 사회적 언어를 듣고 자란 아이들은 이를 기억하여, 혼자서 무엇인가를 할 때 중얼거리면서 문제 해결 등의 사고 과정, 즉 인지 활동을 진행합니다. 예를 들어 장난감을 가지고 놀다가 "왜 넘어졌지?"라고 혼자 질문을 하거나 모형 자동차를 굴리면서 "속도를 더 올려"와 같이 혼잣말을 합니다. 이와 같은 언어를 '사적 언어'라고 합니다.

비고츠키는 아이들이 사적 언어를 사용하는 것이 놀이나 학습 활동에서 스스로 활동을 통제하는 역할을 한다고 보았습니다. 사적 언어는 시간이 지나고 아이들이 성장하면서 '내적 언어'로 바뀝니다. 내적 언어는 자신의 사고 과정이나 생각을 소리 내지 않고 스스로에게 내적으로 표현하는 것입니다.

메타인지라는 용어는 비고츠키가 살아 있을 당시에는 없던 표현입니다. 그런데 비고츠키의 주장을 보면, 아이가 자라면서 행하는 사적 언어나 내적 언어가 메타인지를 돕는 것을 알 수 있습니다. 내적 언어나 사적 언어를 활용하여 사고 과정을 촉진하거나 문제 해결 과정을 통제하는 등의 활동을 한다고 본 것입니다.

비고츠키가 제시한 사적 언어나 내적 언어가 메타인지와 관련이 있는지 살펴본 연구들이 있습니다. 이들 연구를 종합하면, 내적 언어를 쓰면 자기 자신에 대한 이해와 인식이 증가하고, 이를 통해 사고 과정이나 행동, 감정을 파악할 수 있습니다. 그러니 일상에서 수시로 자신의 사고 과정에 대해 혼잣말해 보는 것은 메타인지에 도움이 됩니다.

또한 자기 자신에 대한 혼잣말, 즉 사적 언어를 사용하는 것도 자기 자신에 대한 이해와 평가, 즉 메타인지에 도움을 줍니다. 예를 들어 "내가 왜 이렇게 했지?"라거나 "아, 전에도 이런 실수를 했는데 도 했네. 다음부터는 조심해야지"라는 식으로 자신의 인지 과정을 소리내어 혼잣말하는 것도 메타인지에 도움이 된다고 합니다.


## 내적 언어를
## 사용할 수 있는 상황은?

"갈까, 말까 할 때는 가라.

살까, 말까 할 때는 사지 마라.

말할까, 말까 할 때는 말하지 마라.

줄까, 말까 할 때는 줘라.

먹을까, 말까 할 때는 먹지 마라."


위의 내용은 서울대학교 행정대학원의 공공리더십 과정 교수인 최종원의 '인생 교훈 5가지'입니다. 5가지 상황에 대해 결론적인 답을 제시한 것으로, 선택해야 하는 상황에서 무엇을 정할 것인지 스스로 메타인지 질문을 던져보면서 결정할 수도 있습니다.

예를 들어 "친구 만나러 갈까, 말까?"를 고민하는 것은 단순한 인지 과정입니다. 이런 인지를 두고 "너, 전에도 이럴 때 고민했는데, 결국 갔더니 즐거웠지?"라고 내적 언어로 질문합니다. 그러면 가기로 결정할 수 있습니다. 이때 내적 언어를 사용하여 행한 질문이 메타인지를 위한 질문입니다. 이처럼 내적 언어로 메타인지를 해보면 사고 과정을 단순하게 정리할 수 있고, 문제 해결 방안도 잘 파악할 수 있습니다.

또 다른 예를 볼까요? 남의 물건을 훔치고 싶은 나쁜 생각이 드는 경우를 봅시다. 이때, "너, 이거 나쁜 짓이라는 것 알잖아? 잠시는 좋을지 몰라도 결국에는 너를 불행하게 만들 거라는 거 알지?"라고 내적 언어로 생각해 볼 수 있습니다. 이처럼, 내적 언어로 메타인지 질문을 하면 결국은 옳은 선택을 할 수 있게 됩니다.

학습이나 과제를 할 때도 내적 언어를 사용하여 메타인지를 할 수 있습니다. 오늘까지 꼭 마쳐야 하는 일이 있는데도 놀고 싶다면 "너, 이거 오늘 안에 끝내야 하는 것 알지? 조금만 더 하면 끝내고 놀 수 있잖아"라고 내적 언어를 사용하면 됩니다. 이렇게 하면 스스로 과제를 잘 마치도록 조정할 수 있습니다.

생성형 인공지능을 활용할 때도 내적 언어를 사용할 수 있습니다. 생성형 인공지능에 질문하거나 과제를 요청할 때, 아이들이 무엇인가를 가지고 놀면서 문제를 해결하듯이 "다음에 어떤 질문을 더 해야 할까?" "조금 더 상세한 질문을 해볼까?"와 같이 내적 언어로 질문할 수 있습니다. 인지하는 상황에 사용할 수 있는 질문을 내적 언어를 활용하여 만들어보세요.

# 자신의 인지 활동 분석하기

> **🔍 핵심 질문**
>
> 학습이나 과제 활동에서
> 메타인지 질문을 어떻게 할까?

## 우리는
## 우리가 얼마나 잘 아는지 알까?

2011년에 한국방송대상에서 대상을 받은 작품은 EBS의 10부작 다큐멘터리 〈학교란 무엇인가〉입니다. 그중 8부 '0.1%의 비밀'에는 흥미로운 실험이 나옵니다.

우선 학교에서 공부를 잘하는 상위권 학생 5명과 중간 성적의 학생 5명을 강당에 모아놓고, 25개의 단어를 일정한 시간 동안 보여준 후 최대한 많이 외워서 적게 합니다. 그리고 답을 보기 전에 25개의 단어 중에서 정확하게 기억한 단어의 개수를 추정하게 했습니다.

개인별로 정답을 적은 개수와 자신이 정답을 안다고 추정한 개수는 얼마나 같았을까요? 상위권 학생과 중간 성적의 학생들 간에 결과가 달랐습니다.

상위권의 학생들 5명은 자신이 기억하여 적어낸 단어의 정답 수와 정확하게 기억한다고 추정한 단어의 수가 대체로 일치했습니다. 자신이 기억한 단어 중 정답인 것이 18개이고, 자신이 알고 있다고 추정하여 적어낸 숫자도 18개로 동일한 식입니다. 반면 중간 성적의 학생들은 큰 차이를 보였습니다. 예를 들면 정답은 17개를 적었는데 자신이 정확하게 기억한다고 생각한 것은 10개였습니다.

그런데 실제 두 집단 학생들의 평균 정답 개수는 큰 차이가 없었습니다. 채점한 결과는 거의 동일했다는 것입니다. 두 집단의 또 다른 측면, 예를 들어 IQ 등도 큰 차이를 보이지 않았습니다.

두 집단의 차이는 자신의 학습 결과를 얼마나 잘 알고 있는지였습니다. 바로 '자신이 알고 있는 인지' 정도와 '자신의 인지 정도를 정확하게 인지하는 메타인지' 정도가 차이나는 거죠. 위에 제시한 실험에 참여한 학생 수가 너무 적어서 일반화하기는 어렵지만, 이 실험은 메타인지가 학습에서 얼마나 중요한 전략일 수 있는지 보여줍니다.

학습 전략으로서 메타인지에 대해, 학자들은 다음과 같은 점이 중요하다고 봅니다. 하나는 인지하는 자신에 대한 지식, 다른 하나는 인지하는 내용이나 과제 활동에 대한 지식, 마지막은 인지 전략에 대한 지식입니다. 그리고 이러한 지식을 통해 스스로 통제하고 수정하는 등 자기 조절을 할 수 있어야 합니다. 메타인지는 사고력에 해당하기에 내적 언어를 사용하여 스스로 질문하는 과정이 중요합니다. 이 두 가지에 대해 어떻게 내적 언어로 질문하면 될까요?

## 메타인지 지식에서
## 고려할 점은?

요즘 대학생들은 학기 말에 성적을 받고서 자신이 생각한 것보다 성적이 낮으면 교수에게 성적이 정확한지 확인해 달라고 메일을 보냅니다. 학생들은 왜 이런 성적을 주었는지 묻는 대신에 자신이 이 수업에서 어떤 부분이 부족했고 앞으로 어떤 점을 보완해야 할지 알고 싶어서 메일을 보낸다고 적습니다.

이렇게 메일을 쓰면, 교수에게 예의를 지키는 동시에 구체적으로 무엇을 잘하고 못했는지 파악할 수 있어서 자기 성찰과 이해에 도움이 됩니다. 그런 점에서 이런 메일 내용은 메타인지 지식에 대한 요청을 담고 있습니다.

메타인지 지식에서는 일반적으로 3가지를 고려합니다. '인지 대상인 과제에 대한 지식' '인지하는 나에 대한 지식' '과제를 학습하는 전략에 대한 지식'입니다. 이 3가지 지식의 특징과 양상을 알아야 메타인지를 잘할 수 있습니다.

**인지 대상인 과제에 대한 지식**

무엇인가를 열심히 하거나 시간을 많이 들여서 하는데도 결과가 시원치 않은 사람들이 있습니다. 그런데 과제를 하기 전에 유심히 보면서 그 특징을 세밀하게 파악하는 사람도 있습니다. 메타인지에서는 내게 주어진 과제의 특성을 파악하는 것이 중요한데, 인지 대상이 되는 과제에 대한 지식을 갖는 것입니다. 다음과 같은 질문을 내적 언어로 해보면, 과제에 대한 지식을 파악하는 데 도움이 됩니다.

— 이 과제에서 초점을 두어야 하는 것은 무엇인가?
— 이 과제에서 파악해야 할 핵심 내용은 무엇인가?
— 이 과제의 단서는 무엇인가?
— 이 과제는 어떤 영역의 정보와 관련이 있는가?
— 이 과제에 관한 자료를 더 찾아야 한다면 어디서 찾아야 하는가?
— 이 과제는 내가 알고 있는 다른 정보로 해결할 수 있는가, 다른 자료를 더 찾아야 하는가?

**인지하는 나에 대한 지식**

어떤 일을 할 때 사람마다 성격이나 관심이 다르기에 과제를 학습하는 자신에 대한 지식도 필요합니다. 특히 과제에 대해 자신이 아는 것과 모르는 것을 파악해야 합니다. 자신에 대한 지식을 얻기 위해, 내적 언어로 다음과 같은 질문을 해볼 수 있습니다.

— 나는 수학(국어, 사회……)에서의 과제를 잘하는가?

— 나는 이 과제와 관련하여 어떤 것을 잘하고 못하는가?

— 이 과제를 해결하기 위한 전략으로 내가 알고 있는 것은 무엇인가?

— 나는 스스로 이 과제를 해결할 수 있는가?

— 이 과제는 내가 해결하기에 어려운가 쉬운가?

— 내가 이 과제와 관련해서 아는 것은 무엇이고, 모르는 것은 무엇인가?

## 과제를 학습하는 전략에 대한 지식

과제와 과제를 하는 자신에 대한 지식을 파악했으면, 이제는 과제를 수행하는 전략을 알고 있는지 파악해야 합니다. 주로 해결 방법이나 과정에 대해 내가 알고 있는지 파악하는 것입니다. 이러한 지식을 얻기 위해 내적 언어로 다음과 같은 질문을 할 수 있습니다.

— 이것을 해결하는 절차는 무엇인가?

— 이것을 해결하는 전략으로 어떤 것이 필요할까?

— 이것의 해결 방법에는 어떤 것이 있을까?

— 이것을 해결한 후, 결과는 어떻게 제시하는 것이 좋을까?

— 이것은 연역적으로 접근해야 하는가, 귀납적으로 접근해야 할까?

— 이것은 혼자서 해도 될까, 여러 명이 같이 해야 할까?

# 구체적인 문제 해결 과제에 적용해 보기

요즘 유튜브에 삼각형의 특정 변의 길이를 구하는 문제 풀이 과정이 올라옵니다. 예를 들어 다음과 같은 문제를 봅시다.

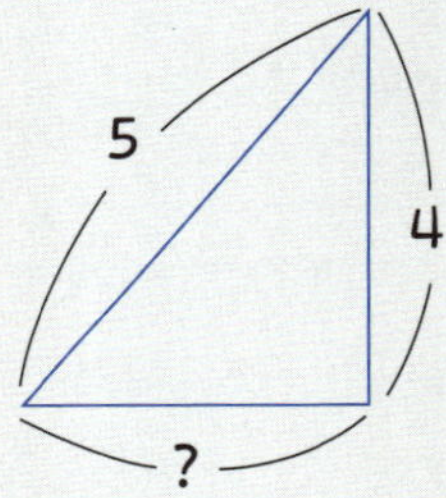


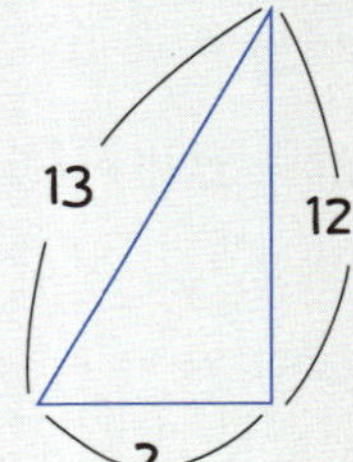


위와 같은 과제를 해결할 때 메타인지 지식과 관련해 다음과 같이 질문할 수 있습니다.

| | |
|---|---|
| 과제 | ① 이 과제는 내가 배운 수학 내용 중 어떤 부분에 해당하는가? 기하학과 관련이 있는가? <br> ② 이 과제를 풀기 위한 중요한 단서를 찾았는가? 어떤 수학적 정리와 연결해야 하는지 알고 있는가? <br> ③ 이 과제를 파악하기 위해서는 내가 알고 있는 어떤 지식과 연계해야 할까? |

| 자신 | ① 나는 전에 이와 같은 과제를 풀어본 적이 있는가? 그때 이런 과제의 풀이 과정이 어떠했는지 기억이 나는가?<br>② 나는 이 과제를 해결할 만한 능력이 있는가? 필요한 수학적 정리를 알고 있는가?<br>③ 이 과제는 내가 풀 만한가? 관련 지식을 해결하기 위해 어떤 공부를 먼저 해야 하는지, 해당 자료는 어디에서 찾아야 하는지 알고 있는가? |
| --- | --- |
| 전략 | ① 이 과제는 보조선을 그어서 답을 찾아야 하는 것인가?<br>② 이 과제에서 내각 중 직각을 만들기 위한 보조선을 그어야 하는 것인가?<br>③ 이 과제는 식을 직접 계산해야 하는가, 아니면 피타고라스의 5:4:3의 비를 활용해도 되는가? |

## 메타인지 지식을 바탕으로
## 메타인지를 어떻게 조절할까?

메타인지는 사고 과정이면서 사고 과정을 통제하기 위한 것입니다. 그래서 메타인지 지식에 대해 질문하여 파악하고 끝낼 게 아니라, 실제로 인지하는 과정에 그것을 적용하여 과제를 잘 수행해야 합니다. 즉, 메타인지 지식을 활용하여 학습이나 과제 해결 과정을 수행하는 자신의 인지 과정을 전략적으로 조절할 수 있어야 합니다.

학자들은 과제를 수행하면서 메타인지 지식을 바탕으로 '계획' '점검' '평가'라는 메타인지를 조절해야 한다고 합니다. 어떻게 하는 것인지 살펴볼까요?

### 계획을 위한 메타인지 질문

계획을 짜면서 '과제-자신-전략'에 대한 메타인지 지식을 적용할 수 있습니다. 과제 해결을 위해 계획을 짜는 과정에서 과제의 특성이나 자신의 특징, 전략 등과 관련하여 점검해 보는 질문을 통해 메타인지를 할 수 있습니다. 이때 사용할 수 있는 질문은 다음과 같습니다.

— 이 과제는 어떤 순서로 진행할 것인지를 계획에서 고려했는가?

— 세부 작업으로 다시 구분해서 어떤 순서로 진행해야 했는지 고려했는가?

— 과제에 사용할 전략을 잘 적용하여 계획을 짰는가?

— 평소 계획을 짤 때 놓치곤 하던 부분은 제대로 챙겼는가?

### 점검을 위한 메타인지 질문

점검은 실제로 과제를 해결하는 과정에서 '과제-자신-전략'에 대한 메타인지 지식을 적용해 보는 것입니다. 과제를 실제로 해결하면서 과제나 자신의 특징, 전략 등을 점검해 보기 위해 사용할 수 있는 질문은 다음과 같습니다.

— 원래 계획한 대로 제대로 잘 수행하고 있는가?

— 이 정보는 과제 해결에 적절한 것인가?

— 언제부터 잘못하고 있었는가?

— 지금 적용한 이 방법(지식 등)은 제대로 된 것인가?

— 지금 이 방법(전략)을 수정해도 되는가?

— 나는 이 부분은 원래 실수를 잘하니, 이 부분에 집중해야 하지 않을까?


**평가를 위한 메타인지 질문**

평가는 성공이든 실패든 상관없이 과제를 완료한 후에, 앞에서 질문을 통해 얻은 '과제-자신-전략'에 대한 메타인지 지식을 적용하여 성찰해 보는 것입니다. 평가를 통해 어떤 점을 고쳐야 할지 등을 파악하는 데 도움을 받을 수 있습니다. 이때 사용할 수 있는 질문은 다음과 같습니다.


— 내가 해결한 결과가 과제에서 요구한 것이 맞는가?

— 내가 수행한 과정이나 절차는 정확했는가?

— 내가 이 과제를 하면서 놓친 것이나 실수한 것은 없는가?

— 과제에 필요한 지식이나 정보를 모두 제대로 적용했는가?

— 과제를 하면서 내가 얻은 것은 무엇인가? 다음에도 적용해야 할 것은 무엇
  인가?

## 메타인지는
## 어떻게 훈련할까?

지금까지 설명한 메타인지 관련 질문을 보면서 이렇게 생각할 수 있습니다. "과제 해결도 힘든데, 저런 질문을 계속하면서 할 수 있을까?" 모든 순간에 적절한 메타인지 질문을 하면서 학습하거나 과제를 하는 것은 어려운 일입니다.

그래서 처음 메타인지를 적용할 때, 내적 언어를 활용하여 다양한 메타인지 질문을 하면 머릿속이 복잡하고 혼란스럽습니다. 과제를 해결하는 인지 과정도 힘든데, 그 과정에 메타인지를 하는 것은 더더구나 복잡하기 때문입니다. 그러나 메타인지도 훈련이므로, 메타인지 질문을 처음부터 잘하려는 마음을 내려놓고 한두 개씩 하면서 점차 늘려가는 태도가 필요합니다.

메타인지 지식에 관한 질문을 자주 하다 보면, 어느 순간 자신도 모르게 메타인지 질문을 내적 언어로 계속 하면서 과제를 해결하는 자신을 발견할 수 있습니다. 그런데 매 순간 메타인지를 하는 것과 별개로, 특정 작업을 하면서 메타인지를 키우는 방법도 있습니다. 다만 이 과정에서도 앞에서 살펴본 질문을 적용할 필요가 있습니다.

첫째, 생각일기를 작성합니다.[8] 특정한 과제를 해결한 과정, 공부한 과정, 오늘 하루 과제나 학습을 하면서 있었던 일에 대한 생각 일기를 적어보는 것입니다. 특히 실수나 평상시와 다른 경험을 써보면 더 유용합니다.

생각일기에서는 과제와 관련하여 경험한 것, 자신의 행동에 대한 점검, 잘한 것과 수정해야 하는 것 등을 적습니다. 특히 자신의 실수를 고치기 위해서 다음에 무엇을 유의해야 하는지도 적어봅니다. 일기이기는 하지만, 공부하는 과정이나 문제 해결 과정에 대한 성찰이라고 보면 됩니다.

생각일기는 특별한 과제 경험에 대해 상세하게 적어도 되지만, 매일 간단한 내용을 기록해도 됩니다. 예를 들어 "오늘 인권에 관한 개념을 배웠는데, 실제로 사례에 적용하기가 쉽지 않다. 개념을 정확하게 이해하지 못해서 그런 것 같다. 인권을 설명하는 다른 책을 찾아서 개념을 다시 파악하고, 예시가 있는지 확인해 보아야겠다" 정도로 간단하게 정리해도 됩니다.

둘째, 성찰적 명상을 하는 것입니다.[9] 과제를 해결하거나 진행하는 과정에 메타인지를 적용하려면 스스로 자기를 점검하고 통제할 수 있어야 합니다. 이를 위해서는 문제 해결을 하거나 공부하는 중에 잠시 내려놓고, 지금까지 한 과정을 명상하는 것도 좋습니다.

모래사장 위에서 잃어버린 옷을 찾는 과제를 하는 경우를 생각해 봅시다. 이때 옷을 찾다가 드론을 띄워서 자신이 어디 서 있는지를 살펴보면서 잘 진행하고 있는지 점검해 보면 더 빨리 과제를 해결할 수 있습니다.

드론을 띄우는 것처럼, 하던 과제를 잠시 멈추고 성찰적 명상을 하면 도움이 됩니다. 이를 위해서는 호흡을 가다듬고 눈을 감은 상태에서 지금까지의 과제 진행 과정 또는 학습 과정 전반을 되짚어봅니다.

그리고 무엇을 수정해야 하는지 생각하고, 그 결과에 따라 과제를 다시 진행하면 됩니다.

셋째, 주변 사람의 메타인지 질문을 활용할 수 있습니다.[10] 특히 과제하는 학생에게는 부모나 교사 등의 보호자가 메타인지를 자극하는 질문을 할 수 있습니다. 업무를 하는 경우에는 동료들이 자극하는 질문을 할 수 있고요. 대상자가 스스로 자신의 사고 과정을 되짚어보면서 생각할 만한 질문을 하면 됩니다.

다만 이 과정에서 잔소리처럼 느끼지 않도록 어투나 태도를 조심해야 합니다. 비난이 아니라 조언이 되어야 하니까요. 예를 들어 다음과 같은 질문을 할 수 있습니다. "오늘 배운 것 중 가장 기억나는 것이 있어요? 왜 그것이 중요하게 기억났어요?" "오늘 과제를 하면서 가장 의미 있는 것은 무엇이었어요?" "가장 흥미로운 과제가 무엇이었어요?" "오늘 경험에 비추어 볼 때, 앞으로 무엇을 더 하면 좋을까요?"와 같은 질문을 받으면 자신의 생각이나 행동을 성찰할 수 있습니다.

# 자신의 마음을 살피다

> **핵심 질문**
> 내 마음을 스스로 살피는 질문은 왜 필요한가?

## 내 마음에
## 왜 '불안'이 나타날까?

영화 〈인사이드 아웃〉이 처음 나왔을 때, 아이가 성장하는 과정에서 나타나는 다양한 심리 상황을 '기쁨이' '슬픔이' 등의 감정 캐릭터로 잘 묘사한 영화라는 호평을 받았습니다. 영화에 등장하는 감정 중에서 누구는 '버럭이'에게, 다른 누구는 '까칠이'에게, 또 다른 이는 '소심이'에게 애정이 갔다고 말합니다. 여러분은 어떤 캐릭터에 마음이 갔나요?

영화 〈인사이드 아웃 2〉에서는 새로운 감정 캐릭터가 나왔습니다. 주인공의 나이에 맞춰 사춘기 감정을 묘사하는 캐릭터가 많이 등장했죠. '부럽이' '따분이' '당황이' 등의 캐릭터도 인기가 있었지만, 많은 사람이 '불안이'에게 깊은 애정을 보냈습니다. 누군가는 영화를 보고서 자기 마음속 '불안이'를 이제는 사랑하게 되었다고 말합니다.

영화에서 사춘기의 주인공은 '불안이'로 인해 매우 힘든 상황을 경험하지만, 결국에는 '불안이' 또한 나를 지키기 위한 감정이라는 사실을 깨닫습니다. 아마 '불안이'를 사랑하게 되었다는 사람들도 불안이 자신의 마음에 존재하는 이유를 깨달은 것 아닐까요?

〈인사이드 아웃〉 시리즈에서 주인공 라일리가 경험하는 다양한 감정을 우리 모두 느낍니다. 다만 사람마다 더 큰 영향을 받는 감정이 각기 달라서, 다른 사람의 마음을 읽기가 어려운 것뿐입니다.

사실 다른 사람의 마음보다는 자신의 마음을 읽기가 더 어렵습니다. 그런데 자신의 마음도 메타인지로 읽을 수 있습니다. 특히 내적 언어를 잘 활용한다면 내 마음에 살고 있는 다양한 감정들을 잘 파악하고 그 감정이 나를 보호하기 위한 것이었음을 깨닫고 사랑하게 될 것입니다.

## 나는 왜 그런 감정을 갖게 되었을까?

『이솝 우화』 중에 「여우와 신포도」는 심리와 관련해서 자주 인용되는 이야기입니다. 길을 가다 포도나무에 열매가 달린 것을 본 여우는 배도 고프고 포도도 잘 익어서 따 먹으려고 뛰어오르지만, 높은 곳에 있던 포도를 잡지 못해 결국은 먹지 못합니다. 그 자리를 떠나면서 여우는 이렇게 생각합니다. '저 포도는 어차피 시어서 먹지 못했을 거야.'

여우의 이 생각을 심리학 용어로 '합리화'라고 부릅니다. 자신의 욕구에 따라 행동했는데 실현하지 못하고 실패했을 때, 그 이유를 합리적으로 찾아내어 방어하는 전략입니다. 상황이 그럴 만했다고 합리화하는 것이죠. 합리화와 같은 심리적 방어기제는 자신을 보호한다는 긍정적 효과가 있지만, 이를 지속하면 한 인간으로서 성장하는 것을 막는다는 문제도 있습니다.

인간은 합리화 말고도 다양한 심리적 방어기제를 적용하면서 살아갑니다. 심리학에서는 내면에 불안이나 고통 등의 감정이 생길 때 마음의 평정을 찾기 위해 사용하는 심리적 메커니즘을 '방어기제'라고 설명합니다. 말 그대로 감정이 무너지는 것을 막기 위해 무의식적으로 작동하는 것입니다.

그런데 방어기제가 작동하면 자신의 마음을 정확하게 이해하지 못해 근본적인 문제를 해결하지 못하고 정신적 고통이나 스트레스를 겪을 수도 있다는 문제가 있습니다. 그런 점에서 방어기제가 작동하면, "그때 왜 그렇게 했을까?"라며 자신의 마음을 탐색할 필요가 있습니다.

인간의 심리적 경험이나 방어기제는 특별한 사람에게만 나타나는 것이 아니라 대부분의 사람에게 나타납니다. 캐나다의 앨버트대학교 연구팀이 한 실험을 살펴볼까요?[11] '채소, 과일, 곡물, 유제품, 샨선 및 고기, 단 음식'의 6개 범주에 속한 30장의 사진을 보여주고 먹고 싶은 정도를 묻습니다. 그리고 어린 시절에 '우리 가족은 필요한 물건을 살

만큼 돈이 있었는지/비교적 부유한 동네에서 자랐는지/학교 친구들과 비교하여 비교적 부유하다고 느꼈는지'를 기록하게 하여 어린 시절의 사회경제적 지위도 파악했습니다.

실험 결과, 어린 시절에 경제 수준이 낮았던 이들은 열량이 많은 음식을 선호했습니다. 어린 시절에 가난은 아이들에게 스트레스를 주었을 것이고, 고열량 음식이 스트레스 해소에 도움이 되기 때문입니다. 결핍에 대한 방어기제, 바로 '보상'을 사용한 것입니다.

사랑하는 사람과 이별하고 허기진 마음일 때 먹을 것으로 해결하려는 것도 보상 기제입니다. 이처럼 사람마다 결핍의 양상은 다르지만 대체로 보상 기제를 많이 사용합니다. 그런데 이런 방어기제를 적용하고도 실제로 그 마음을 해결하지 못해 문제가 되는 경우가 있습니다.

오랫동안 눌려 있던 감정을 통제하지 못하고 폭발하면서 사회적으로 받아들여지지 않는 행동을 하는 것입니다. 예를 들어 화를 내지 않아도 되는 상황인데 갑작스럽게 화를 내거나, 평상시와 다른 행동을 하거나, 심하면 우울증에 빠집니다.

방어기제를 계속 사용하거나 사회적으로 문제가 되는 행동으로 감정을 표출하는 이유는 삶에서 결핍이나 고통 등과 같이 심리적으로 힘든 일이 있기 때문입니다. 종종 호르몬도 영향을 미치기는 하지만요. 심리적으로 힘든데, 드러난 감정에만 초점을 맞추고 그 감정을 불러온 원인을 파악하지 않으면 어떻게 될까요?

문제는 통제하지 못한 감정이 사회적 상황에 노출되면, 극단적인 상황에 내몰릴 수 있다는 점입니다. 극단적인 상황에서 해결책은 2가지 중 하나입니다. 자신의 감정을 아예 드러내지 않거나, 여과 없이 감정을 있는 그대로 드러내는 것입니다. 모두 사회적 관계를 위축시키고 사회생활을 힘들게 만듭니다. 이렇게 되지 않기 위해서라도, 자신의 감정에 대한 메타인지가 필요합니다.


## 감정에 메타인지를 적용할 수 있을까?


메타인지는 사고 과정에서 자신의 인지 과정을 파악하는 것인데, 자신의 마음과 심리에 대해서도 자문하면서 파악할 수 있습니다. 자신의 인지 과정을 자신이 제일 잘 아는 것처럼, 자신의 마음과 심리 상태도 자신이 제일 잘 알기 때문입니다. 자신의 마음에 대하여 메타인지하는 것을 '메타감정' '메타정서' '초감정'이라고 부릅니다.[12]

감정에 대한 메타인지를 위해 필요한 것은 소설에 적용되는 '전지적 작가 시점'입니다.[13] 내 감정이 표출되는 순간은 혼자 있을 때가 아니라 나와 상대방 사이에 무엇인가가 있는 경우입니다. 내 감정이 표출되는 것이니 내가 1인칭 주인공이고, 상대방은 2인칭입니다. 전지적 작가 시점의 소설에서는 주인공과 상대방 두 사람이 만든 상황에 존재하지 않는 작가가 두 사람의 마음에 들어간 것처럼 설명합니다. 이 순간 스스로 작가가 되어 생각해 보는 것이죠.

즉, 상황에 대해 표출되는 내 마음을 정확히 이해하려는 메타인지를 위해서는 바로 내가 '전지적 작가 시점'에서 본다고 생각하면 쉽습니다. '나'에 대해 객관화하되, 내 마음을 정확하고 세밀하게 관찰하여 서술하는 것입니다. 불편한 감정이 느껴질 때, 스스로 "이러는 이유가 무엇일까?"라며 내 마음에 대해 전지적 관찰자 시점으로 분석해 보세요.

전지적 작가 시점을 언제 내 감정에 적용하면 될까요? 원치 않는 감정이 생겼을 때, 즉 그 감정을 표출하기 전에 하는 것이 가장 좋습니다. 그런데 그 순간을 포착하기가 쉽지 않습니다. 그래서 감정에 대한 메타인지는 어떤 상황이 일어난 이후에라도 감정을 객관화시켜 살펴볼 필요가 있습니다.

감정에 대한 메타인지는 어떻게 할까요? 먼저 그 감정의 원인이 되는 상황에서 진짜 이유를 찾아내야 합니다. 그런 상황에서 자신의 마음을 가장 불편하게 한 직접적이고 구체적인 것을 찾는 훈련을 합니다. "전에도 그런 감정을 표출했던 유사한 사례가 있었는가?"를 질문하고, 불편한 감정을 표출한 당시의 감정 상태를 작은 단위로 나누어서 자신의 반응을 되짚어보는 것입니다. 즉, 그 순간의 어떤 구체적인 상황에 내가 민감하게 반응했는가를 생각하는 것입니다.

이런 과정을 여러 번 하다 보면, 불편하지만 억제된 내면의 감정을 찾을 수 있을 것입니다. 감정에 대한 메타인지에서 중요한 것은 밖으로 드러난 내 감정을 만드는 진짜 나의 감정, 억압된 내 감정을 인지하는 것입니다.

다만 꼭 기억해야 할 것이 있습니다. 메타인지를 통해 나 자신의 마음을 성찰하는 것은 과거의 나를 자책하거나 원망하기 위해서가 아닙니다. 미래의 내가 어떻게 달라져야 하는지 계획하기 위해서입니다. 내 마음에 대한 메타인지는 나 자신의 감정에 대한 감시와 검열이 아니라 성찰이고 회복입니다.

## 메타인지로 감정을
## 다룰 수 있을까?

자신의 감정에 대해 메타인지를 하면, 자신의 감정을 재구성할 수 있습니다. 내가 살아온 시간을 살펴보면서 내가 가진 불편한 감정의 뿌리를 찾고, 그것을 객관화시켜 성찰하면서 이유를 파악하는 것이죠. 이유를 알면 해결 방안을 찾을 수 있겠죠. 어떻게 해야 할까요?

먼저, 자신의 마음에 존재하는 수치심이나 죄책감, 불안감 등의 불편한 마음 상태에 대해 질문하면서 감정의 원인을 찾습니다. 대표적으로 '분노' 감정이 드러날 때 원인을 탐색하는 질문을 살펴봅시다.

— 어릴 때 너의 가족은 분노를 어떻게 표현했니? 지금은 어떻게 해?
— 이런 감정이 전에도 나타났다면 그때는 어떤 상황이었어? 지금과 비슷한 점이 있어?
— 무엇이 지금 너를 화나게 하니?
— 지금 너는 어떤 상황(말) 때문에 화가 난 거야?

다음으로, 자신의 감정 상태를 파악하기조차 혼란스럽다면 그 감정에 나름대로 이름을 붙여봅니다. 예를 들어 '까칠이' '참을 수 없는 분노' 같은 식입니다. 이렇게 이름을 붙이면 그 실체를 알아서 감정을 더 잘 조절할 수 있습니다. 원인 파악이 안 되더라도 이름이 있는 익숙한 감정이기에 대처할 수 있습니다.

더 나아가, 자신의 감정에 대한 메타인지를 통해 감정을 이해하면 자신의 감정을 구체적으로 드러내는 연습을 합니다. 다만 마음이 불편하지 않아야 합니다. 불편한 감정이 표현되려는 순간에 잠시 다른 장소로 가서 감정을 드러냅니다. 자신이 이름 붙인 특정한 감정이 나오려는 순간을 메타인지로 포착하고, 그 순간 혼자서 감정 표현을 할 수 있는 곳으로 가는 것입니다.

일상적인 공간이라면 평상시에 그런 장소를 알아두면 됩니다. 그것이 어렵다면 있던 공간에서 밖으로 나가면 됩니다. 잠시 조용한 곳에 가서 감정을 풀고 오는 연습을 하는 것입니다. 그런 감정을 가진 자신을 토닥여줍니다. "너, 이런 감정을 가져도 괜찮아" "지금 잘했어" "앞으로 조금씩 나아질 거야"라며 자신을 격려할 필요도 있습니다.

또한 감정에 대한 메타인지로 감정 일기를 적는 것도 좋습니다. 우울증 증상과 그에 대한 치료 과정을 글로 쓴『죽고 싶지만 떡볶이는 먹고 싶어』라는 책에서 저자는 우울한 감정과 치료 과정을 일기로 적었습니다.[14] 자신의 감정을 객관적으로 서술하면서 감정이 변화하는 것을 알 수 있습니다.

또 다른 좋은 방법은 명상입니다. 자신의 감정을 성찰하고, 억압하는 감정도 살펴보고, 방어기제도 살펴보면서 마음을 재구성하는 방법입니다. 호흡에 초점을 두면서 온전히 자기 자신에게 집중합니다.

감정에 대한 메타인지는 천천히 해도 됩니다. 스스로를 다그치다가 오히려 마음을 힘들게 만들지 않아야 하니까요.

# 문제 해결을 위해 나아가다

## 의사결정을 위한 질문

# 의사결정 문제 정하기

> 🔍 **핵심 질문**
> 문제 상황은 어떤 경우인가?

## 유독 고르기
## 어려운 질문

밸런스 게임은 2가지 선택지를 주고 하나를 선택하는 게임입니다. 그런데 주어진 선택지는 모두 쉽게 선택하기 어려운 상황들로 구성됩니다. 예를 들어 '5분 과거로 돌아갈 수 있음 vs. 5분 미래를 볼 수 있음'이나 '평생 샤워 안 하기 vs. 평생 양치 안 하기' 같은 것들이죠. 이렇게 고르기 어려운 것들을 제시하는 이유는 결국 한쪽을 택하는 과정에서 서로의 취향이나 중요하게 여기는 가치 등을 파악할 스 있기 때문입니다.

## 밸런스 게임을 위한 질문 만들기

밸런스 게임을 질문 형태로 만들어봅시다.

밸런스 게임에서 주어지는 선택지는 실제 일어나는 일이 아니라 게임이어서 다행인 상황입니다. 그런데 살면서 이런 선택을 해야 하는 경우가 의외로 많습니다. "죽느냐 사느냐, 그것이 문제로다." 셰익스피어의 『햄릿』에서 주인공의 큰 고뇌가 드러나는 대사가 떠오르죠.

사실 그 정도로 큰 고민은 아니더라도, 사람들은 일상에서 고민하고 의사결정을 하면서 살아갑니다. "인생은 B(Birth)와 D(Death) 사이의 C(Choice)다(Life is BCD)"라는 표현이 있습니다. 프랑스의 실존주의 철학자인 사르트르가 '삶은 선택의 연속'이라는 철학 내용을 정리한 말입니다.[1] 태어나서 죽을 때까지 무수히 많은 선택을 하는 인간의 실존적 삶을 표현하고 있죠.

인간은 동물과 달리 자유의지를 가지고 살아갑니다. 이는 인간이 사회라는 공동체에서 다른 구성원과 다양한 제도 등에 둘러싸여 살아가는 과정에서 생각과 행동을 스스로 결정하고 그 과정에서 조절하고 통제하며 책임을 진다는 뜻입니다.

이렇게 보면 선택과 결정은 인간으로서 가진 고유하고 거룩한 행위입니다. 그런데 선택과 결정은 개인적인 경우도 있지만, 사회적인 경우도 있습니다.

### 개인적 측면의 선택

— 어떤 치약을 선택할 것인가?

— 짜장과 짬뽕 중에서 무엇을 먹을 것인가?

— 나는 어떤 직업을 가질 것인가?

### 사회적 측면의 선택

— 기후변화를 막기 위해 에어컨 사용 시간을 제한해야 하는가?

— 세금을 더 내더라도 복지를 더 많이 하는 정책에 찬성할 것인가?

이런 질문에서 개인적으로든 사회적으로든 어떤 선택이나 결정은 쉽지 않습니다. 인간이 살아가면서 선택하고 결정할 문제가 항상 있는데, 이런 선택과 결정을 '문제 해결' 또는 '의사 결정'이라고 합니다.

문제 해결을 통해 의사결정을 하는 것은 자유의지를 가진 존재로서 나를 증명하는 일입니다. 자유의지를 가진 인간으로서 개인들이 의사결정을 할 수 있다는 것은 삶에 유익함을 줍니다. 대표적으로 미국 MIT 경영대학원 교수인 쉬나 아이엔가(Sheena Iyengar)의 연구에서 그 예를 찾아볼 수 있습니다.[2]

아이엔가는 영국의 정부 부처 공무원들에게 동일한 주제의 보고서 작성 업무를 주고, 주제 선택 방식에 따라 세 집단(스스로 선택하는 집단, 상사가 선택하는 집단, 임의로 배정받는 집단)으로 나눴습니다. 그리고 이들의 동기부여 수준과 보고서의 질 등을 조사하여 비교했습니다.

연구 결과, 세 집단 중에서 스스로 선택하는 집단의 동기부여와 보고서의 질이 가장 높았습니다. 반면 임의로 배정받는 집단은 모든 측면에서 가장 낮은 점수를 보였습니다. 이 결과를 보면 개인의 선택과 의사결정에서 자율성을 갖는 것은 여러 면에서 유익하다는 것을 알 수 있습니다.

그러나 '결정 장애'라는 말이 있는 것처럼, 쉽게 결정하지 못하는 상황도 많습니다. 최근에는 장애라는 표현이 문제가 된다고 하여 '선택의 어려움'이나 '우유부단'이라는 표현을 권장하죠. 어쨌든 이런 표현이 있는 것은 대부분의 사람이 결정에 어려움을 느끼기 때문입니다. 심리학은 우리가 선택을 어려워하는 이유가 정보를 처리하면서 사고

하는 것이 힘들거나 실패를 두려워하기 때문이라고 봅니다.

기본적으로는 스스로 의사결정하는 것이 유용하고 효과적이지만, 일부 연구에 따르면 사람들은 선택하는 상황에서 어느 쪽을 결정하든 심리적 어려움을 겪기도 합니다. 아이엔가는 중환자실에 있는 가족의 연명장치를 제거할 때 미국과 프랑스의 상황도 비교했습니다.

미국은 제거 여부를 가족이 결정하고, 프랑스는 의사가 결정합니다. 결정 후 일정 시간이 지난 후 두 나라 가족은 심리적으로 다른 양상을 보였습니다. 시간이 지나면서 프랑스의 가족들은 점차 안정됐지단, 미국의 가족은 죄책감과 우울감을 보이는 경우가 많았습니다. 죽음과 같이 돌이킬 수 없는 일을 결정하는 경우 심리적 부담이 크다는 것을 알 수 있습니다. 물론 일상의 다양한 선택도 대부분 쉽게 결정할 수는 없지만요.


## 합리적 선택을 위해서는
## 어떻게 해야 할까?

밸런스 게임처럼, 의사결정을 한다는 것은 여러 개의 선택지 중에서 하나를 선택하고 나머지는 포기하는 것입니다. 의사결정은 소비 활동에서 많이 일어나죠. 그래서 의사결정을 할 때 경제에서 말하는 '합리적 선택'을 중요하게 여깁니다. 합리적 선택이란 비용은 적게 들이고 편익은 크게 하는 것입니다.

그런데 합리적 선택에서도 정해진 기준에 따라 답이 있는 것이 아닙니다. 개인의 선호나 기준을 적용해서 합리적인 선택을 했다고 하더라도 개인별로 그 결과는 다르게 나타납니다. 가성비나 실용성을 중요하게 여기는 사람도 있지만, 남의 시선이나 브랜드를 중요하게 여기는 사람도 있기 때문입니다. 그러니 합리적 선택에서는 자신의 기준을 바탕으로 하는 것이 중요합니다.

이때 자신만의 선택 기준을 정하는 만큼 좋은 선택지를 정하는 것도 중요합니다. 선택지가 되는 여러 방안에 대한 정보도 필요하고요. 따라서 다양한 질문을 통해 해결하거나 결정할 문제와 관련하여 내가 고려할 기분과 선택지, 이와 관련한 정보가 무엇인지 면밀히 파악해야 합니다. 구체적으로 어떤 점을 파악하고, 어떻게 질문해야 하는지 살펴봅시다.

첫째, 문제의 목표나 원인을 파악해야 하는 경우가 있습니다. 옷을 사야 한다면 옷을 사는 목적을 고려해야 합니다. 어떤 곳에 가려고 사는 옷인지, 다른 옷과 매치하기 위한 옷인지, 힘든 마음을 위로하기 위한 옷인지 등 목적을 파악할 필요가 있죠.

살이 찐 것 같아서 어떤 방법으로 관리할지 결정해야 하는 경우라면, 병으로 인해 살이 찐 것인지, 운동 부족 탓인지, 아니면 많이 먹어서 그런지 파악해야 하고요.

의사결정의 목표나 원인을 파악하기 위해서는 다음과 같은 질문을 해보아야 합니다.

─ 이 결정을 하려고 하는 이유는 무엇인가?

─ 이 문제가 발생한 이유는 무엇인가?

─ 이 문제를 해결하는 방안은 무엇인가?


둘째, 관련한 사실 자료나 정보를 수집하고 분석해야 합니다. 의사결정 과정이 쉽지 않은 것은 그 문제 상황이 복잡하기 때문입니다. 그런데 의사결정에서 가장 문제가 되는 것이 감정에 따라 정하는 것입니다. 합리적 선택을 위해서는 그 문제 상황과 관련된 객관적 자료나 정보를 파악해야 합니다.

먼저 관련 정보 문서나 자료의 출처를 정리해야 합니다. 이를 위해서는 다음과 같은 질문을 해보아야 합니다.


─ 여기서 중요하게 고려할 자료나 정보의 구체적인 목록은 무엇인가?

─ 관련 자료는 어디서, 어떻게 찾아야 하는가?

─ 자료를 균형 있게 찾기 위해 고려할 것은 무엇인가?


자료나 정보를 모았으면 해당 자료를 분석해야 합니다. 그러면 감정적 선택을 막을 수 있습니다. 혹시 잘못된 결정을 내리더라도 다양한 자료와 정보를 바탕으로 한다면 후회할 일도 줄어듭니다. 자료를 분석할 때 질문은 자료의 특성에 따라 달라지니, 이 부분은 나중에 따로 살펴봅시다.

셋째, 의사결정에서 중요하게 고려할 가치가 무엇인지 판단해야 합니다. 대부분의 선택 상황에는 '자유-평등' '실용-자랑' '환경-개발' '검소-과시' '자기만족-타인 배려' '친밀감-정의감' 등과 같은 크고 작은 가치가 관련되어 있습니다. 자료나 정보를 파악했더라도 자신이 어떤 가치를 중요하게 여기는지에 따라 의사결정이 달라질 수 있습니다.

예를 들어 약속 시간에 늦었는데 용돈은 부족한 상황에서 택시를 타야 한다면, '약속을 지키는 사람'과 '절약하는 사람'이라는 두 가치 중 무엇이 자신에게 더 중요한지 골라야 합니다. 이처럼 의사결정 상황에 담긴 대립적 가치를 파악하는 것은 자신이 추구하는 가치가 무엇인지, 사회적으로 어떤 가치가 더 나은지 알기 위해서도 필요합니다.

의사결정 문제를 분석할 때 관련한 가치를 파악하기 위해서는 다음과 같은 질문을 해보아야 합니다.


— 이 문제에서 중요하게 고려하는 가치는 어떤 것이 있을까?
— 나는 어떤 가치를 더 중요하게 여기는가?
— 사회적으로는 어떤 가치를 더 중요하게 여기는가?


넷째, 의사결정 과정에서 내가 선택할 수 있는 구체적인 방안을 정해야 합니다. 예를 들어 오늘 가족과 해야 하는 일이 있는데 친구들이 갑자기 집 앞이라며 놀러 나오라고 하는 경우를 봅시다.

나의 선택지는 '친구들에게 가족 약속이 있으니 다음에 같이 하자며 양해를 구하는 것'과 '가족들에게 친구들이 오랜만에 왔으니 오늘 가족 모임에 빠지겠다고 양해를 구하는 것'입니다. 혹은 '가족에게 양해를 구하고 친구들을 집에 오라고 하여 같이 즐기는 것'도 가능하겠죠.

내가 선택할 수 있는 다양한 경우의 수를 고려하여 여러 방안을 생각합니다. 유사한 상황에서 선택 방안을 찾아도 됩니다. 진로 선택을 하는 경우라면, 나와 비슷한 상황에 있던 선배가 고려한 선택지를 참조하는 거죠.

이렇게 선택 방안을 정할 때 다음과 같은 질문을 해봐야 합니다.

— 이 문제에서 내가 선택할 수 있는 방안은 무엇인가?
— 선택지 외에 또 다른 방안은 없는가?
— 비슷한 경우를 고려할 때 새로운 방안은 없는가?

다섯째, 나만의 기준을 정해서 어떤 것을 선택할지 비교해 보아야 합니다. 선택 기준은 앞에서 고려한 사실 정보와 가치 정보를 고려하여 정합니다. 예를 들어 라면을 구매할 때는 맛, 가격, 열량, 브랜드 등 다양한 기준을 제시할 수 있습니다. 이런 기준 선택에는 개인의 선호나 가치가 반영됩니다. 자취방을 구하는 경우는 가격, 위치, 평수, 안전, 유지 비용 등의 기준을 고려할 수 있죠.

이제, 선택 기준 중에서 내게 더 중요한 것을 파악합니다. 예를 들어 가족 간의 주말 약속은 자주 있지만 집 앞에 온 친구가 몇 년 만에 한국에 와서 금방 돌아가야 하는 경우, 혹은 친구도 오랜만이지만 오늘은 부모님 생신이라 가족이 모이는 경우는 선택 기준에 따라 결정이 달라질 것입니다.

이러한 과정에서는 다음과 같은 질문을 해보아야 합니다.

— 이 결정에서 내가 중요하게 고려하는 기준은 무엇인가?
— 여러 기준 중에서 더 중요하게 고려할 기준은 무엇인가?
— 이 선택 상황에서는 어떤 기준이 더 중요한가?

여섯째, 나의 결정에 따라 일어날 상황을 예측해 보아야 합니다. 이는 의사결정 과정에서 많은 것을 고려했더라도 불확실한 측면이 나타날 수 있기 때문입니다. 이를 위해서는 다음과 같은 질문을 해보아야 합니다.

— 해결이나 결정 과정에서 내가 놓친 것은 없는가?
— 내가 선택한 것을 실행하면 어떤 일이 일어날까? 그 상황에서 새롭게 생길 문제는 없을까?
— 최종 선택에 따라 내가 해결해야 할 다른 문제가 있을까? 그것은 어떻게 해야 할까?

다만 위에서 제시한 사항은 개인적인 결정 과정을 고려하여 제시한 것입니다. 공동체나 집단에서 과제나 공부 등을 같이 하는 경우에도 동일한 절차를 따라야 하는데, 사람마다 중요하게 생각하는 기준이 다르므로 토의를 통해 순차적으로 해결하고 결정하면 됩니다.

## 전문가가 아닌 사람들이
## 의사결정에 참여해야 하는 이유는?

1961년 냉전 시기, 자유주의 국가를 대표하던 미국은 공산화를 선언한 쿠바를 비밀리에 침공할 계획을 세웁니다. 쿠바에서 미국으로 망명한 1만 5천여 명을 몰래 훈련시켜 쿠바의 수도 아바나 근처의 피그만에 침투시키려 한 것입니다. 이 계획은 실행됐지만 실패했습니다. 집중 훈련을 받고 쿠바로 향하던 이들은 쿠바군의 공격에 사망하거나 포로가 됐죠.

미국 국방부는 계획을 세울 때 여러 전문가가 치밀하게 토의하고 의사결정을 내리며, 그에 따른 작전이 실패했을 때는 그 이유를 분석합니다. 실패로부터 배우기 위해서입니다.

그런데 쿠바 피그만 침공과 관련해서는 실패의 원인을 찾기보다는 왜 그렇게 무모한 결정을 했는지 분석했습니다. 피그만 침공은 비밀리에 작은 나라를 침공하면서 군인이 아닌 사람들을 단기간 훈련하여 행한 작전이었죠. 당시 선진국인 미국 국방부로서는 진행해서는 안 되었던 무모하면서도 비도덕적인 선택이었습니다. 따라서 실패의 원인보다는 그런 선택을 한 원인을 찾는 것이 유사한 상황이 일어나지 않게 하는 방법이라고 본 것입니다.

이에 대해 예일대학교 교수인 어빙 재니스(Irving Janis)는 "전문가의 제안에 대해 그들이 전문적인 의견을 제시했을 것이라는 믿음과 전문가들 간의 친밀성으로 인해 제시된 방안에 대해 비판적 사고를 하기 어려워서 반대 의견을 제시하지 못한 점"을 원인으로 제시했습니다.[3] 집단 내 구성원의 유사성이 합리적인 의사결정을 어렵게 한다는 점을 강조하면서, 이를 '집단사고'의 문제점이라고 설명했습니다.

피그만 침공 이후, 미국 국방부는 중요한 의사결정에 전문가 외에도 철학 전공자 등을 회의에 참여시켜 상식적이고 일상적인 질문을 던지고 비판적으로 사고하도록 합니다. 나의 의사결정 과정과 선택에 대해서도 다른 사람들에게 질문하여 적절한지 살펴볼 필요가 있습니다.

특히 내가 하는 의사결정의 내용을 잘 모르는 사람에게 상식적인 수준에서 적절한지 물어봐야 합니다. 집단적으로 의사결정을 한 경우라면 아예 다른 분야나 전공에서 일하는 사람에게 최종적으로 확인하는 과정을 거칠 필요가 있습니다.

**2. 문제의 원인 파악하기**

# 인과관계 분석 질문

> Q **핵심 질문**
> 문제 해결에서 인과관계 분석은 왜 중요한가?

## 문제의 원인을 정확하게
## 찾아야 하는 이유는 무엇일까?

14세기 중반, 유럽에서는 당시 발병한 페스트로 인해 상당히 많은 유럽인이 죽었습니다. 그런데 유럽에 거주하던 유대인의 사망률은 상대적으로 매우 낮았습니다. 그러자 유럽인들 사이에는 "유대인이 페스트를 퍼트렸다"라는 괴소문이 돌았습니다. 결국 괴소문으로 인해 많은 지역에서 유대인을 죽입니다. 그 후에도 유대인에 대한 혐오가 지속되었고, 이는 결국 20세기 독일 나치의 유대인 대학살로 이어졌죠.[4]

사실 유대인은 유대교의 율법에 따라 아이와 어른을 가리지 않고 하루 10번 정도 손을 씻습니다. 특히 유대교의 특정 절기에 가족이 모이면 조리 도구를 더 많이 소독하며, 칼 등의 음식 도구의 청결도 매우 중시합니다. 아마도 유대인이 살았던 곳이 더운 지역이다 보니, 경험적으로 소독이나 손 씻기가 건강에 중요하다고 생각하여 이를 철저하게 지키도록 종교 율법으로 정했을 것입니다.

유대인은 청결을 중요하게 여기던 전통에 따라 손을 씻고 소독한 덕에 다른 종족에 비해 페스트 발병 비율이 낮았던 것입니다. 만약 이 상황에서 "유대인과 우리의 생활 습관 중에 무엇이 달라서 유대인은 페스트에 걸리지 않는가?"라며 이유를 질문하고 차이를 찾아냈다면 어땠을까요? 수많은 사람이 무고하게 목숨을 잃지는 않았을 것입니다.

다만, 당시에 유대인의 페스트 발병 비율이 낮은 이유를 알아냈어도 페스트 예방 방법만 파악했을 뿐, 발병 원인을 근본적으로 찾아내지는 못했을 것입니다. 페스트를 정확하게 해결하려면 그 원인을 찾아야 하는데 당시의 과학기술로는 어려웠기 때문이죠.

문제 해결이나 의사결정을 위해서는 해결해야 할 문제의 근본적인 원인을 파악해야 합니다. 가전제품 설명서에는 관련 부품이나 조작 방법이 자세히 쓰여 있는데, 대부분 설명서에서는 제품이 작동되지 않으면 제일 먼저 전원 플러그를 꽂았는지 확인하라고 합니다.[5] 가전제품이 작동하지 않는 가장 근본적 이유는 전원 미연결인 경우가 많기 때문입니다. 전원에 문제가 없다면 다른 원인을 찾도록 하고 해결 방법을 안내한 후 서비스센터에 연락해 보라는 것이 일반적인 설명서의 순서입니다.

일상적으로 해결책을 찾거나 결정하는 경우에도, 먼저 그 문제가 발생한 이유를 파악해야 합니다. 그것도 가장 기본적이고 근본적인 원인이어야 하죠. 그러려면 정확한 인과관계를 파악해야 합니다.

## 인과관계와 상관관계를 구별하는 법

문제의 원인을 찾는 방법 중에 문제 해결의 실마리를 찾는 방법이 있고, 근본적인 원인을 찾는 방법이 있습니다. 문제 해결의 실마리를 찾는 방법은 유럽 페스트 상황에서 감염이 적게 일어난 유대인의 생활 습관을 고려해 보는 것과 같은 방식입니다. 반면 문제의 근본 원인을 찾는 방법은 가전제품이 작동되지 않을 때 전원을 연결했는지 원인을 확인해 보는 것이고요.

일상적인 문제 상황에서는 문제의 근본적인 원인을 찾는 것은 쉽지 않죠. 특히 일상에서 만나는 다양한 문제는 하나보다는 여러 원인이 연결되어 발생하는 경우가 많기 때문입니다. 그래서 가전제품에 전원을 연결하지 않은 것처럼 이유를 명확하게 찾기가 어렵습니다.

그래서 상식적으로 그런 일이 일어날 수 있는 다양한 이유를 생각해 보고, 관련 자료를 바탕으로 검토하면서 근본적 이유를 찾아야 합니다. 이때는 우선 상식적으로 다수가 그럴 수 있겠다고 생각하는 것부터 인과관계가 있는지 살펴보아야 합니다.

인과관계는 어떤 현상이 원인이 되어서 다른 현상이라는 결과를 만드는 관계입니다. 예를 들어 "무산소 운동을 하면 근력을 기를 수 있다"라는 말은 무산소 운동을 하는 것이 원인이고 근력을 기를 수 있는 것은 그 결과입니다.

한편 인과관계처럼 보여서 혼란을 주는 것이 상관관계입니다. 상관관계는 두 현상 중에서 어떤 현상이 변화하면 다른 현상도 변화하는 관계를 보여주는 것입니다. 인과관계와 달리 상관관계는 원인과 그로 인해 나타나는 결과를 특정하기가 어렵습니다.

원인을 알기 위해 인과관계를 파악해야 하는데, 상관관계를 파악하거나 잘못된 인과관계를 파악하면 문제가 됩니다. 우선 상식적으로 인과관계를 파악하는 방법부터 생각해 봅시다. "불이 난 규모가 클수록 더 많은 소방차가 출동한다"와 "더 많은 소방차가 출동할수록 불이 난 규모가 크다" 중 어느 것이 인과관계를 보여주나요? 전자가 인과관계입니다. 소방차와 불이라는 현상의 선후를 따지면, 불이 난 것이 먼저이고 그로 인해 소방차가 출동하기 때문입니다.

소방차와 불의 관계처럼 원인과 결과를 명확하게 파악하기 어려운 경우가 많습니다. 예를 들어 저출산 현상과 경제성장은 관련이 있지만 무엇이 원인인지 파악하기 어렵습니다. 경제성장이 안 되면 아이를 키우는 데 필요한 소득이 줄어들 것을 염려하여 아이 낳기를 꺼릴 수 있고, 반대로 저출산으로 인해 인구 규모가 줄어들면 경제성장에 어려움을 겪을 수 있기 때문입니다. 이는 상관관계라고 보아야 합니다.

상관관계라도 파악하면 다행입니다. 상관관계에 있는 두 현상 중에서 하나의 현상을 변화시켜서 다른 쪽의 변화가 있는지 지켜보면서 인과성을 확인할 수 있기 때문입니다. 그보다는 선후관계를 잘못 파악하여 인과관계를 잘못 설정하거나, 아무런 관련이 없는데 상관관계로 설정하는 경우가 문제입니다. 원인을 찾을 때는 이 점을 유의해야 합니다.

## 원인을 찾을 때 주의해야 할 점은?

### 첫째, 거짓된 인과관계가 아닌지 살핀다

머피의 법칙은 "누군가 A를 하면 B가 발생하는 경우"를 말합니다. "기상청 사람들이 야외 체육대회를 하는 날엔 비가 온다" 같은 것이 대표적이죠. 마치 기상청 사람들이 야외에서 체육대회를 하는 것이 원인이고 비가 오는 것은 그로 인한 결과인 것 같지만, 사실 두 현상에는 아무런 연관이 없습니다.

"내가 무언가를 사기만 하면 가격이 내린다"라는 경우도 인과관계나 상관관계가 없습니다. 인과관계를 고려할 때는 구체적으로 관련이 있고, 선후관계를 파악할 수 있는지 살펴보아야 합니다.

머피의 법칙에 해당하는 사례처럼, 마치 상관이 있거나 인과관계가 있는 것처럼 착각하지 않도록 알려주는 좋은 사이트가 있습니다. 여러 통계 자료를 활용하여 아무 상관이 없는데도 상관관계 내지는 인과관계가 있는 것처럼 보이는 자료를 정리한 사이트입니다.

미국의 정보 분석가인 타일러 비겐(Tyler Vigen)의 이 사이트에는 여러 자료가 있는데, 특히 사람들에게 인과관계에 착각을 주는 자료를 그래프로 만든 것이 흥미롭습니다. 대표적인 인과관계 착각 현상은 "아이폰이 널리 보급될수록 층계에서 떨어져 죽는 사람의 수도 늘어난다"라는 것입니다.

**아이폰 판매량과 계단 추락 사망자 수의 상관관계**[6]

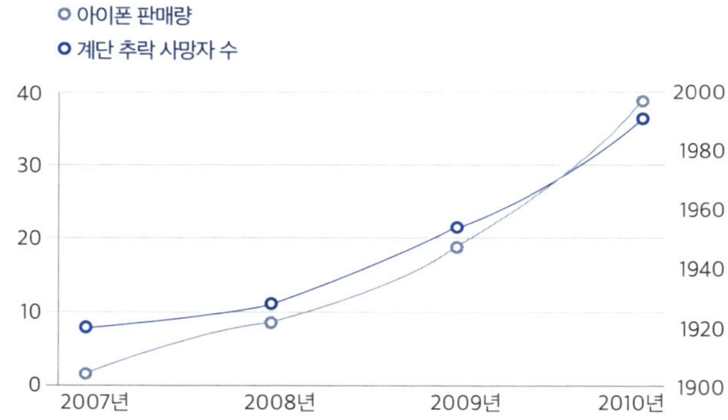


|  | 2007년 | 2008년 | 2009년 | 2010년 |
| --- | --- | --- | --- | --- |
| **아이폰 판매량**<br>(단위: 1백만 대) | 1.39 | 11.63 | 20.73 | 39.99 |
| **계단 추락 사망자 수**<br>(미국, 질병통제예방센터) | 1,917 | 1,935 | 1,960 | 1,991 |

상관계수: 0.994751

상관계수는 1에 가까울수록 두 양상의 관련성이 높고, 0에 가까울수록 관련성이 낮습니다. 그러니 앞의 그래프에 나타난 두 양상의 상관성은 매우 높아 보입니다. 그런데 정말 그럴까요?

두 가지 사실은 아무런 상관관계나 인과관계가 없습니다. 아이폰을 사용하는 사람이 계단을 많이 이용한다는 근거도 없고, 계단에서 사망사고가 난 이유가 아이폰 사용이라는 근거도 없기 때문입니다. 비겐은 특정 시기의 수많은 통계 자료를 분석하여 그럴싸해 보이는 통계를 바탕으로 마치 인과관계나 상관관계가 있는 것처럼 자료를 만들어 보여줬을 뿐입니다. 그는 이런 자료를 통해 사람들이 통계가 만드는 거짓 관계에 속지 않아야 한다고 주장합니다.

그러므로 인과관계를 설정할 때 유의해야 합니다. 내가 찾은 원인이 거짓이 아닌지 의심해 볼 필요가 있습니다. 이를 판별하기 위해서는 상식적으로 "선후관계가 분명한가?" "여러 논의나 책에서 그 관계를 인과적이고 논리적으로 설명하는가?"를 살펴보아야 합니다.

### 둘째, 개인의 행동에서만 원인을 찾지 않는다

빈곤은 최소한의 인간다운 생활을 유지하는 데 필요한 자원이 부족한 상태입니다. 빈곤의 원인으로 개인의 게으름이나 무능력을 제시하는 사람이 많지만, 사회학이나 사회복지학에서는 불평등한 분배라는 사회구조나 제도를 문제로 제시하기도 합니다. 그래서 사회현상의 원인을 파악할 때 개인에게만 초점을 두는 것이 아니라 사회구조나 제도 운용 등도 파악해야 합니다.

사회구조는 법이나 제도, 사회문화나 분위기 등과 같이 어쩔 수 없이 개인을 움직이게 하는 사회의 영향력을 말합니다. 예를 들어 회사에 다니는 사람이 아침에 일어나는 시간은 개인의 선택이 아니라, 회사가 9시부터 시작하기 때문에 정해집니다. 이 경우에 아침에 일어나는 시간은 개인의 성격이 아니라 사회구조에 의해 결정되는 것입니다.

그렇다고 모든 사회현상의 원인이 사회구조에 의한 것이라고만 보기는 어렵기에, 원인을 찾을 때는 사회구조와 개인적인 측면을 모두 고려하면서 근본적인 원인은 무엇인지 파악해야 합니다. 다만 해결 방안을 결정해야 하는 사회현상의 원인을 개인으로만 한정하면 새로운 문제를 낳을 수 있습니다.

예를 들어 회사 내에서 성희롱 사건이 일어난 경우를 봅시다. 이 문제의 원인은 피해자인 개인의 품행이 아니라, 상위 직급과 하위 직급자 간의 권력 문제에 초점을 두고 파악해야 합니다. 피해자 개인의 품행 문제로 보면 그 사람을 내보낼 것이고, 이는 원인을 잘못 찾아서 잘못 해결한 결과가 됩니다.

문제의 원인을 개인에게서만 찾는 것은 피해자인 개인에게 책임을 부과하는 것입니다. 개인의 인성이나 삶의 태도 등에서 문제의 원인을 찾으면 개인 간의 갈등이나 불평등만 불러올 수 있습니다. 그러니 문제의 원인에 대해 깊이 이해하고, 피해자를 보호하며, 근본적으로 사회적 측면의 원인을 검토하려 노력해야 합니다.

# 의사결정 질문

> 🔍 **핵심 질문**
> 의사결정에서는 무엇을 고려해야 하는가?

## 선택지는
## 몇 개가 적당할까?

원인을 분석한 후에는 관련 자료를 살펴보아야 합니다. 검토한 자료에서 선택에 고려할 사항을 정리했다면, 선택할 수 있는 해결 방안을 정해야 합니다. 이를 대안 또는 선택지라고도 합니다. 이것이 몇 개이면 적절할까요? 몇 가지 연구 결과에서 도움을 받을 수 있습니다.

우선, 미국 튜렌대학교의 교수 다니엘 모천(Daniel Mochon)이 전자제품을 구매하는 사람들을 대상으로 선택지를 달리 주고, 선택 결과와 더불어 만족감 등을 살펴본 연구를 알아봅시다.[7] 이 연구에서는 선택지를 1개만 주는 경우와 2개를 주는 경우를 비교했습니다.

예를 들어 카메라를 구매하는 경우 첫 번째 집단에는 하나의 제품만 제시하면서 "이 상품이 어떤가요?"라고 묻고, 두 번째 집단에는 2가지 제품을 주면서 "이것과 저것 중에서 어떤 것을 선택하겠습니까?"라고 물었습니다.

연구 결과를 보면, 선택지를 1개만 제시한 경우는 구매 확률이 낮았고, 2개 중에서 하나를 선택하도록 한 경우에는 구매 확률이 상대적으로 높았습니다. 연구 참여자의 의견을 보면, 선택지를 1개만 제시받으면 그게 좋은지 아닌지 판단할 기준이 없어서 선택하기가 어렵다고 했습니다. 반면 2개의 선택지를 받은 경우는 무엇이 더 나은지 판단할 수 있어서 구매 의욕이 높아진다고 했습니다.

연구 결과를 바탕으로, 사람들은 무엇을 구매할지 결정할 때 '단일 대안 회피 성향'을 보인다고 주장합니다. 2개의 선택지를 받으면 둘 중 무엇이 최선인지 고민할 수 있을 뿐만 아니라 더 나은 선택을 했다고 스스로 의미를 부여할 수도 있으니까요.

일상적인 문제 해결 과정에서 이런 성향을 활용할 수 있습니다. 예를 들어 아이가 TV를 그만 보게 하려면 "방에 가서 공부할래?"라고 하기보다는 "방에 가서 공부할래, 아니면 여기서 책 읽을래?"라고 2개의 선택지를 제시하는 것이죠.

그렇다면 선택지를 아주 많이 제시하는 경우는 어떨까요? 혹시 대형 마트에서 여러 브랜드의 세제나 샴푸 중에서 어느 것을 선택해야 좋을지 몰라서 구매를 포기한 적이 있나요? 대부분 이런 경험이 있을 것입니다. 어느 것도 선택하지 않고 돌아선 자신을 선택도 못 하는 바보라고 자책한 적이 있나요?

미국의 사회심리학자 배리 슈워츠(Barry Schwartz)는『선택의 심리학』에서 대부분의 사람이 이런 어려움을 겪는다고 말합니다.[8] 그는 아이엔가 연구팀의 실험 중 잼 선택을 예로 제시합니다.[9] 이는 "선택지가 많으면 더 행복하고 더 많이 소비할까?"에 초점을 둔 것입니다.

잼 실험은 캘리포니아의 고급 식품점에서 이루어졌는데, 한 곳에는 24가지 잼을 진열하여 시식하게 하고 다른 곳에는 6가지 잼을 두었습니다. 시식 후에는 잼 구매에 사용할 수 있는 할인쿠폰도 제공했습니다.

실험 결과는 어떻게 나왔을까요? 우선 24가지가 진열된 곳을 지나던 고객 중에서는 60퍼센트가 시식했고, 6가지가 진열된 곳을 지나던 고객 중에서는 40퍼센트가 시식했습니다. 그런데 할인쿠폰을 들고 실제로 잼을 구매한 고객의 비율은 그와는 다릅니다. 24가지 잼 진열대에서 시식한 고객 중에서는 3퍼센트만 구매했지만, 6가지 잼 진열대에서 시식한 고객은 30퍼센트가 구매했습니다.

이 차이는 무엇을 알려줄까요? 대체로 사람들은 선택지가 너무 많으면 오히려 선택하지 못하고 포기한다는 것을 보여줍니다. 이런 연구 결과를 바탕으로 기업은 소비자에게 선택받기 위한 몇 가지 전략을 사용합니다. 문제 해결이나 의사결정의 대안은 최소 2개 이상, 최대 6개 정도만 제공하는 것입니다. 그런데 기본적으로 선택할 방안이 여러 개라면 먼저 몇 가지 목록으로 나누고 그 안에서 다시 몇 개를 보여주면서 선택하게 하죠.

예를 들어 유튜브나 넷플릭스와 같이 많은 영상물을 동시에 제공하는 사이트에서 사람들은 무엇을 선택해야 할지 어려움을 겪습니다. 이때는 영화, 다큐, 드라마 등 목록을 몇 개 제시하고 세부적으로 들어가서 선택하게 합니다. 또한 전체 화면에 모든 영상물 제목을 나열하며 보여주기보다는 관련성 있는 영상을 몇 개 추천하여 선택의 어려움을 제거하는 전략을 사용하기도 합니다.

## 벤치마킹에
## 필요한 질문은?

미국의 제록스는 복사기를 생산하는 대표 기업 중 하나입니다. 제록스는 곧 복사기의 대명사가 되었습니다. 그런데 1970년대 이후 일본의 캐논 등 여러 회사에서 복사기를 제조하기 시작하자, 제록스는 위협을 느끼기 시작합니다. 이 문제를 해결하기 위해 제록스는 캐논 등의 경쟁사, 미국의 자동차 제조기업인 포드 등 다른 분야 기업의 제조 공정과 고객 대응 방안을 연구했습니다. 그 결과를 반영하여 혁신한 결과, 다시 도약할 수 있었죠.

이처럼 자신이 가진 문제 상황에서 더 나은 기준을 가진 경쟁사나 기관의 사례를 찾아서 해결 방안을 모색하는 것을 '벤치마킹한다'라고 표현합니다.[10] 일상적인 문제를 해결하는 데도 벤치마킹이 가능합니다. 내가 가진 문제 상황을 비슷하게 경험한 주변 사람 중에서 잘 해결한 사례가 있다면 그것을 참조하여 대안을 구성해 보는 것이죠.

국가 정책도 벤치마킹하는 경우가 있습니다. 예를 들어 한반도 통일 정책을 고려할 때, 분단국가였다가 통일한 독일의 방안을 살펴서 가능한 대안을 정리하고 한반도에 적용 가능한지 판단하는 것입니다.

유사 사례를 벤치마킹하면 여러 측면에서 효과적입니다. 특히 성공적으로 해결한 사례를 보고 "저들이 성공했으니 우리도 해볼 수 있지 않을까?"라고 생각하면서 심리적 안정감을 얻습니다. 의사결정 과정에서 복잡한 정보를 단순화하며, 선택으로 인해 생기는 위험을 줄일 수 있죠. 또한 결정하기 전의 불안과 결정 후의 후회도 줄여줍니다.

중요한 것은 벤치마킹하더라도 유사 사례의 해결 방안을 자신의 문제 상황에 맞게 잘 조절하는 것입니다. 그래서 문제 해결을 위한 대안을 마련할 때는 자신이 분석한 문제 상황을 다시 한번 고려하면서 목록을 만들어야 합니다. 이 과정에서 할 수 있는 질문들은 다음과 같습니다.

— 내 문제 상황과 비슷한 문제를 겪은 사례가 있는가?

— 유사한 사례에서는 어떤 점에 초점을 두어 해결했는가?

— 유사한 사례에서 해결한 방안을 목록으로 정리하면 어떤 것이 해당할까?

— 유사한 사례에서 해결한 방안을 나의 문제 상황에 적용할 수 있는가?

— 이외에 또 다른 해결 방안이나 대안은 없는가?

## 최종 선택에서
## 고려할 점은?

결정 방안 목록까지 정해졌다면, 이제 진짜 선택해야 합니다. 몇 개의 선택지 목록을 구체적으로 만드는 것도 어렵지만, 그중에서 최종 선택을 하는 것도 쉽지 않죠. 최종 선택에서는 어떤 점을 고려할까요?

먼저 결정 방안 각각의 장단점과 그것을 선택했을 때 발생할 수 있는 문제점을 깊이 검토한 후 정리해야 합니다. 만약에 다양한 문제점이 예상된다면 그것을 해결할 방법도 같이 고려해야 하죠. 그 후에 내가 가진 가치나 기준을 적용하여, 우선순위나 포기해도 되는 것을 고려해서 추려내는 거죠. 이 과정에서 적용할 수 있는 기준은 어떻게 정할까요?

첫째, 사회적 가치나 정당성을 고려합니다. 즉, 새로운 방안이 사회적으로 물의를 일으킬 가능성이 있다면 배제하는 것이죠. 이는 개인적 선택에서도 중요한 문제입니다.

예를 들어 어떤 기업이 새로운 사업을 정하는 경우를 봅시다. 기업의 환경오염 물질 배출은 과거에도 문제였지만, 최근에는 기후변화로 인해 환경문제를 일으키는 기업은 불매운동의 대상이 될 수 있습니다. 따라서 새로운 사업이 환경 문제를 일으킬 가능성이 있다면 최선의 사업 방안이라도 포기해야 합니다.

둘째, 방안의 실행 가능성을 확인합니다. 실행 가능성은 대부분 경제적 비용이나 자신의 능력과 형편 등과 관련됩니다. 이 부분을 따져

봐야 허무맹랑하거나 이상한 결론에 도달하지 않습니다. 예를 들어 이사한 집에 둘 새 가구 목록을 정할 때 집이 원룸인데, 4인 소파를 놓는 것은 실행 가능성 면에서 문제가 되죠. 놓을 수는 있지만, 소파를 이고 살아가는 꼴이 될 겁니다.

셋째, 해결 방안에 따른 관련 이해관계자들이 그 방안을 수용할 것인지, 어떻게 받아들일 것인지도 검토해야 합니다. 개인적 의사결정에서도 그로 인해 영향을 받는 사람이 생기듯, 집단이나 기관에서 무엇인가를 결정하면 영향을 받는 사람은 당연히 생깁니다. 예를 들어 한 회사에서 인공지능 기술을 반영한 대안을 선택했다면, 그로 인해 직업을 잃는 사람이 생길 수 있는 것처럼요.

이런 경우에 해결 방법은 개인적 가치에 따라 다르겠지만, 기본적으로는 해결 방안을 실행했을 때 위기나 문제 상황에 놓이는 이해관계자들에게 양해를 구하거나 그들의 문제를 해결하는 방안을 고려해야 합니다. 즉, 문제 해결로 인해 사회적 약자가 생기거나 고통을 받는 사람이 생긴다면 그 문제를 해결할 안도 같이 내놓아야죠.

종합하면 의사결정에서 최종 선택을 할 때는 이런 질문을 해봐야 합니다.


— 이 방안을 선택하는 경우 사회적으로 문제가 되지 않는가?

— 이 방안은 반사회적 가치가 반영된 것은 아닌가?

— 이 방안은 실천 가능한가? 비용이나 시간이 너무 많이 소요되는 것은 아닌가?

— 이 방안을 실천할 때 문제없이 잘 진행될까?

― 이 방안을 실천할 때 어려움이 있더라도 지치지 않고 견딜 수 있는가?

― 이 방안을 적용하면 피해 입는 사람이나 집단이 있는가?

― 이 방안을 선택하는 경우 피해 입은 사람에 대한 대책을 마련할 수 있는가?

― 이 방안을 선택하는 것이 원래 문제 해결의 목적에 맞는가?

# 설득을 위한 질문

> **핵심 질문**
> 사회적으로 중요한 결정 방안이
> 실천되게 하려면 어떻게 홍보할까?

## 의사결정에서 실천은
## 왜 중요할까?

문제 해결이나 의사결정을 해야 하는 상황이 개인적 차원에 한정된다고 생각하기 쉽습니다. 하지만 현대 사회에서는 개인적 의사결정인 것 같아도 사회 전반에 영향을 주는 경우가 있습니다.

예를 들어 "이번 주에 개봉된 영화 중에서 어떤 영화를 볼까? 어느 요일에 보러 갈까?"는 개인적 결정 사항이지만, 이런 결정이 쌓이면 영화사의 차기 작품 방향이나 개봉 요일 결정에 영향을 줍니다. 개인의 의사결정이 실천으로 이어지면, 그 결과가 사회의 다른 측면에서 새로운 의사결정 상황을 만드는 것입니다.

이렇게 보면 의사결정에서 실천은 매우 중요합니다. 개인적인 의사결정은 정해진 방안에 맞게 구체적인 일정이나 목표치를 정하고 실천하면 됩니다. 실천을 더 잘하고 싶다면 체크리스트나 성찰 일기 등을 기록하면서 자신의 실천 과정을 점검하는 것도 도움이 되죠.

반면 사회 구성원이 함께 실천해야 하는 더 효과적인 의사결정 문제도 있습니다. 예를 들어 환경문제의 해결 방안으로 '쓰레기 분리수거'나 '일회용 비닐봉지(또는 포장지) 사용 금지'를 실천하는 경우를 봅시다. 의사결정 과정에서도 구성원이 합의해야 하지만, 실천에도 모두의 합의가 필요하므로 이런 경우에는 모두를 설득해야 합니다.

즉, 개인적 실천보다 집단적 실천이 중요한 경우에는 집단이 함께 의사결정 논의를 진행해야 합니다. 물론 이렇게 모두가 함께 논의했다고 해서 결정 사항을 전부 따르는 것은 아니니, 이때는 집단 구성원을 설득해야 하고요.

## 실천을 유도하는
## 가장 일반적인 전략은?

과거에는 의사결정 사항을 왕이나 정부가 사회 구성원에게 강제해서 실천하도록 했습니다. 하지만 오늘날에는 강제로 실천을 요구하면 부작용이 더 많이 생깁니다. 그래서 요즘은 정부가 문제 해결을 위한 정책 방안을 정한 경우에 실천을 강요하는 대신에 다른 방법을 사용합니다. 대표적으로 시범 적용이나 인센티브 전략이 있습니다.

시범 적용은 해결 방안을 전체적으로 일시에 적용하기보다는 일부 지역이나 일부분에만 적용해 보면서 문제점이 나타나지 않는지 파악하고 점차적으로, 또는 단계별로 확산시켜 나가는 것입니다. 예를 들어 서울시에서 '따릉이'라는 공용자전거 운영 방안을 마련하고 실천한 경우를 봅시다. 프랑스 파리의 '벨리브' 사업을 벤치마킹한 후, 먼저 성수, 상암, 여의도, 사대문 안, 신촌 등 일부 지역에서만 2년 넘게 시범 운영했습니다. 그 후 서울시 전체로 확장했죠. 그 과정에서 나타난 문제점을 수정한 후 지역을 확대하여, 이제는 서울시에서 누구나 편리하게 따릉이를 사용할 수 있습니다.

인센티브 전략도 살펴봅시다. 탄소중립을 실천하기 위해 개인 차량보다는 대중교통을 이용하도록 하는 정책이 나왔지만 강제적으로 한 달에 최소 10번은 대중교통을 이용하라는 등 강제적 요구를 하는 것은 불가능했죠. 괜히 민원만 증가할 테니까요. 대신에 대중교통을 타면 인센티브를 주는 전략으로 K-패스카드 환급금 적립 제도를 도입했습니다. 해당 카드로 대중교통을 이용하면 사용한 교통비 중에서 최소 20~53퍼센트를 환급해 주는 제도입니다.

인센티브 전략은 해당 방안을 실천하는 개인 스스로 선택할 수 있도록 지원하는 세부 방안이 있어야 합니다. 시범 적용이나 인센티브 전략은 실천을 유도하는 가장 일반적인 방법입니다. 또 어떤 방법을 통해 사회의 의사결정 방안의 실천을 유도할 수 있을까요?

## 넛지 전략은
## 왜 유용할까?

넛지(nudge)는 '팔꿈치로 찌르다'라는 뜻의 영어 단어입니다. 기업이나 정부에서 어떤 방안에 다수의 사람이 참여하도록 요청할 때는 직접적으로 제안하기보다는 넛지 전략을 사용합니다. 옆사람을 팔꿈치로 툭 치듯이 권유하는 것이죠.[11]

넛지 전략은 심리학적으로는 긍정적 강화를 주면서 간접적으로 유도하는 전략이라고 볼 수 있습니다. 긍정적 강화는 간식이나 즐거움이나 칭찬 등의 보상을 제공하는 것을 말합니다.

예를 들어 스웨덴 스톡홀름의 지하철 계단에서 일어난 일을 봅시다.[12] 계단과 에스컬레이터가 나란히 있어서 대부분 에스컬레이터를 이용하므로 계단을 이용하는 사람이 적었습니다. 그래서 계단에 피아노 건반을 그리고 계단을 이용하면 피아노 소리가 나도록 했더니, 사람들이 자발적으로 에스컬레이터 대신에 계단을 이용했습니다. 이와 비슷하게, 우리나라 고속도로 일부 구간에서는 정속 운행하면 음악 소리가 나도록 하여 스스로 속도를 줄이도록 하고 있습니다.

백화점이나 마트에서 카트 용량을 크게 만들면 사람들이 물건을 더 많이 구매하는 것으로 알려졌는데, 이 또한 넛지 전략을 적용하여 소비를 늘리는 방안입니다. 에너지 절약 방안을 실천하도록 하기 위해서 전기나 수도 요금을 공지하면서 지난달과 비교하거나 이웃과 비교하여 얼마나 사용했는지 보여주는 전략을 사용하기도 합니다. "같은 면적의 집에 사는 이웃과 비교하여 당신의 집은 전기료가 20퍼센트 더 높습니다"라는 문구를 보면 전기를 절약해야겠다는 생각이 들 수밖에 없겠죠.

이처럼 넛지 전략은 실천하는 사람 스스로 자유롭게 선택하는 효과를 가져오며, 행동 변화를 자연스럽게 이끈다는 점에서 결정 방안을 실천하게 하는 유용한 전략입니다. 그러다 보니 국가 정책이나 기업의 마케팅 전략으로 많이 사용하는데, 사적 관계에서도 결정 방안을 실천하게 하는 전략으로 사용할 수 있습니다.


## 설득할 때 활용할 수 있는
## 수사학의 요소는?


해결 방안의 필요와 장점 등을 직접 설득해야 하는 경우가 자주 있습니다. 이 경우에는 수사학을 활용해야 합니다. 전통적인 설득 방안으로 그리스 철학자 아리스토텔레스의 3가지 요소를 적용할 수 있습니다.[13] 아리스토텔레스의 수사학 요소 3가지를 살펴볼까요?

첫째, 로고스입니다. 이성과 논리를 바탕으로 설득하는 것입니다. 일반적으로 구체적인 통계나 데이터를 논증 자료로 제시하거나, 연역이나 귀납적 논리 구조 등을 활용하여 설득합니다. 특히 구체적인 연구 데이터를 통해 정책 방안을 실천하도록 설득하는 것이 대표적인 로고스 전략입니다.

예를 들어 "한 연구에 따르면, 흡연자는 비흡연자보다 폐암에 걸릴

확률이 20배나 높습니다. 금연에 성공하면 5년 후에는 이 확률이 반으로 줄어듭니다"라는 표현은 로고스를 활용한 설득 전략입니다.

둘째, 파토스입니다. 설득할 대상자의 감정을 흔드는 것입니다. 일반적으로 개인의 경험 등을 제시하는 것이 도움이 됩니다. 영상 자료를 활용하기도 하고, 은유나 비유 등을 사용하기도 합니다.

예를 들어 플라스틱 사용 감소 방안을 결정했다면, 실천을 위해 "당신이 플라스틱 사용을 줄인다면, 바다거북이의 목숨을 살리는 일을 시작한 것입니다. 작은 선택이 그들의 생존에 큰 역할을 합니다"라는 문구를 제시할 수 있습니다.

셋째, 에토스입니다. 설득하는 사람의 전문성이나 권위를 강조하는 것입니다. 해당 분야의 전문가나 사회적으로 신뢰받는 사람이 활용할 수 있는 방법입니다.

예를 들어 의사가 "저는 이 분야에서 25년간 연구하면서 관련 사례를 많이 보았습니다. 여기서 설명한 금연 방안이 가장 효과적임을 보증합니다"라고 설득할 수 있습니다.

로고스와 에토스, 파토스는 오늘날에도 많이 활용되는 수사학적 권유입니다. 여기에 더불어 최근 들어서는 밈이나 유머를 사용하기도 하고, 데이터를 이용한 인포그래픽을 활용하기도 하며, 데이터를 바탕으로 감동적인 이야기를 만들어 제시하기도 하죠. 이 모든 것이 로고스와 파토스를 결합하거나 로고스와 에토스를 결합한 설득 자료입니다.

이처럼 사람들에게 실천을 설득하는 과정에서 고려할 질문을 정리하면 다음과 같습니다.

— 결정 사항을 설득하기 위해서 활용할 논리는 무엇인가?

— 논리적인 설득을 위해서 어떤 자료를 제시해야 하는가?

— 설득 대상의 감정에 호소할 수 있는 사례가 있는가?

— 감정적 설득을 위한 좋은 문구가 있는가?

— 설득에 활용할 전문가는 누가 좋은가?

— 설득을 위해 어떤 전문적 분야를 활용해야 하는가?

— 최근 유행하는 밈은 무엇인가?

— 인포그래픽을 구성하려면 어떤 내용을 담아내야 하는가?

# 주어진 것을
# 한번 더 생각하다

자료 분석을 위한 질문

# 비판적 사고 질문

> Q **핵심 질문**
> 비판적 사고를 왜 해야 하는가?

## 비판적 사고는
## 왜 필요한가?

혹시 16세 미만 청소년이 밤 10시 이후에 영화관에 가는 경우에 범죄 피해자가 될 수 있으니, '16세 미만 청소년 10시 이후 야간 통행 금지법'을 정부에서 만든다고 하면 어떤 생각이 드나요? '정부에서 하는 일이니 문제없다' '청소년이 늦게 위험한 장소에 다니다가 범죄 피해자가 되지 않도록 보호하는 것이니 좋다'라고 생각하나요?

반면에 '청소년이 10시 이후에 범죄 피해자가 된 사례가 있는가?' '아무리 청소년이라도 통행을 금지하는 것은 개인의 자유를 억제하는 것이 아닌가?' '이러다 성인에 대해서도 통행 금지하는 법이 생기는 것이 아닐까?' 등을 생각할 수 있습니다.

이런 생각에 대해 '괜히 이상한 생각을 하는 사람들이 있네'라고 느끼나요? 아니면 '아, 저런 생각도 가능하구나. 나는 왜 생각을 못 했지?'라고 내적 언어로 성찰하나요?

어떤 뉴스나 정책 등을 그냥 받아들인다면 일상에서 비판적 사고력을 사용하지 않는 것입니다. 비판적 사고력은 어떤 상황이나 주장 등을 있는 그대로 보거나 맹목적으로 수용하지 않고, 분석하고 평가하여 합리적인 판단을 내리는 능력입니다.

그러나 우리는 어떤 상황이나 주장의 문제를 지적하거나 주장하는 데 그치지 않고 문제를 논리적으로 분석하고 이를 바탕으로 개선안까지 제시해야 합니다. 이런 사고력은 왜 필요할까요?

먼저, 현재 우리가 살아가는 사회는 직접 민주주의 국가이므로, 나의 삶과 관련한 정책 등을 다른 사람이 결정하는 경우가 많습니다. 그래서 어떤 정책이 제시되면, 그것이 정말로 합당한지 비판적으로 분석해 볼 필요가 있죠.

또한 정부의 결정이나 정책 등을 언론에서 보도하고, 일상적인 사건의 정보도 기사나 SNS를 통해 급격하게 퍼지기에, 이에 대한 비판적 판단이 필요합니다. 특히 요즘은 인터넷을 기반으로 하는 다양한 매체가 발달하면서 가짜 정보나 뉴스가 순식간에 퍼지고, 다수 사람이 이를 그대로 믿게 됩니다. 이 경우에 발생되는 사회적 혼란과 위해성은 큰 문제가 됩니다.

  사회에 퍼져 있는 수많은 정보와 정책에는 잘못되거나 거짓된 내용이 들어 있는 경우가 있습니다. 거짓된 내용은 사람들을 속이며 나쁜 방향으로 변화하도록 선동하고, 사회적으로 불행한 결정을 내리게 하여 갈등을 유발하기도 합니다. 그래서 비판적 사고력은 사회 구성원으로서 더 나은 사회를 만들기 위해 필요한 역량이면서, 개인적으로도 거짓에 호도되지 않고 더 나은 판단을 하기 위해 필요한 능력입니다.

## 비판적 사고에 지적 의심이 필요한 이유는?

  코로나 시기에 한 신문 기사에서 코로나로 인한 사망률이 한 달 전에 비해 2,300퍼센트 증가했다는 기사가 났습니다. 당연히 사람들은 공포심에 사로잡히게 됩니다. 그런데 차분히 생각해 보면, 기사의 내용이 상식적이지 않다는 판단이 들 것입니다. 기사를 보면서, 2,300퍼센트는 어떻게 계산한 정보인지, 다른 국가에서도 유사한 상황인지 등 정보를 찾아보아야 합니다.

  비판적 사고력에서 중요하게 여기는 것은 '지적인 의심'입니다. "그게 진짜로 그럴까?"라고 의심해 보는 것입니다. 사망률이 2,300퍼센트 증가했다는 기사를 낸 신문사와 달리 다른 신문사에서는 이런 기사가 나왔습니다. "한 달 전에 코로나로 인한 사망자가 1명이었는데 한 달이 지난 지금까지 총사망자는 24명이다." 이 정도의 사망자 증가는 다른 국가와 비교하면 큰 수치가 아니었습니다.

지적인 의심 없이 처음 본 기사를 그대로 받아들이면 코로나에 대한 사회적 공포가 커질 것입니다. 이처럼 이상한 기사로 사람들의 공포를 키우는 경우가 있습니다.

만약 "올해 강력 범죄율이 3년 전에 비해 200퍼센트 증가했다"라는 기사가 나왔다고 합시다. 이 기사를 보면 사람들은 공포심을 느낄 것입니다. 그렇지만 이때 비판적으로 생각할 수 있습니다. 일반적으로 범죄 증가율은 10년 단위로 비교하거나 전년 대비로 비교한다는 사실을 안다면 3년 전과 비교한 것은 이상하다는 것을 눈치 챌 수 있을 것입니다. 어쩌면 3년 전 자료가 가장 범죄율이 낮을 때여서 올해 범죄율을 부풀리기 위해 비교 대상으로 삼은 것일 수 있습니다.

이처럼 신문 기사나 방송 내용 중에 지적인 의심을 하지 않으면 공포심을 불러오는 내용이 있습니다. 지적인 의심은 있는 것을 그대로 믿지 않는 것부터 시작하는 것입니다.

또한 지적인 의심을 하지 않고 그대로 수용하는 사람들을 속이는 전략을 사용하는 경우도 있습니다. 바로 광고입니다. 예를 들어 '먹기만 하면 다이어트가 되는 약'을 선전하는 경우가 있습니다. 이들 광고에서는 "실제 비만 상태인 사람을 대상으로 실험했다"라고 주장합니다. 그대로 믿어야 할까요?

이 광고에 지적인 의심을 적용해 봅시다. "이 약처럼 먹기만 하면 다이어트가 되는 것이 의학적으로 가능한가?" "임상 실험에 참여한 사람들은 누구이며, 몇 명이나 되는가?" "임상 실험 참여자의 평균 몸무

게는 얼마인가?"“고도비만인 사람들에게만 효과가 있는 것은 아닌가?"“요요는 발생하지 않는가?" 등의 질문을 해보면 약의 효과를 그대로 믿기 어려울 것입니다.

지적인 의심을 위해서는 사실 정보가 진실인지 확인해야 하며, 주장하는 정보의 세부 내용도 파악해야 합니다. 자료의 출처나 실험의 구체적인 내용 등을 파악하는 것도 필요하고요. 관련한 다른 자료나 정보와 비교하면서 판단할 필요도 있습니다.

통계 등을 자료로 제시했다면, 누가 어떤 목적으로 조사한 것인지도 파악해야 합니다. 예를 들어 한국에서 2022년에 가습기 살균제로 인한 폐질환 환자 사건의 경우, 한 대학교수가 관련 기업에서 연구비를 받아 가습기 살균제의 독성이 어느 정도인지 실험한 후 기업의 요구대로 독성을 낮춰 보고한 것으로 드러났습니다. 이런 사례를 보면, 관련 실험에 대해 기업이 제시하는 통계 자료 등의 증거가 항상 옳지 않을 수 있음을 고려해야 합니다.


## 지적인 의심을
## 어떻게 적용해야 할까?


비판적 사고력이 중요하고 필요하지만, 이를 잘 적용할 필요가 있습니다. 그렇지 않으면 주변 사람들로부터 "너는 왜 그렇게 비관적이니?"“왜 사회(사람)를 믿지 못하니?"“사사건건 트집만 잡고 있니?"라는 힐난을 듣거나, 괜히 이것저것 따지며 비난만 하는 사람이라는 이야기를 들을 수 있습니다. 그러지 않으려면 어떻게 해야 할까요?

우선, 지적인 의심의 목적이 비난이 아닌 호기심에 가까워야 합니다. 어떤 정보를 들었을 때 곧바로 "그거 잘못된 거 같은데?"라며 부정적으로 반응하지 않아야 합니다. 대신에 "듣고 보니 조금 무서운 내용인데, 어떻게 그런 통계가 나왔는지 확인해야 할 것 같아"라고 대응할 수 있습니다. 공격적인 태도나 표현 대신 지적 호기심에 따라 탐구하고 살펴봐야겠다는 식으로 지적인 의심을 드러내는 것이 좋습니다.

다음으로, 중요 사항에만 지적인 의심을 행사해야 합니다. 비판적 사고력이 훈련되어 일상적으로 적용하면, 아주 사소한 것도 비판적으로 분석하게 됩니다. 그러면 본인도 피곤하고 이를 보고 듣는 다른 사람들도 불쾌한 상황에 놓이게 됩니다.

이렇게까지 발전하지 않으려면, 크게 중요하지 않거나 가벼운 사안에 대해서는 지적인 의심을 멈추고 그냥 넘어가는 훈련을 하는 것이 좋습니다. 스스로 마음속으로만 생각하고 구체적으로 문제를 제기하지 않고 지나가는 방법도 활용할 수 있습니다.

반대로 자신에 대해서도 지적인 의심을 적용하는 태도가 필요합니다. 나도 잘못된 정보나 자료를 제시할 수 있다는 점, 상대가 틀린 것이 아니라 내가 잘못 판단했을 수 있다는 점, 내가 공격적이어서 문제가 될 수 있다는 점을 인정해야 합니다.

마지막으로, 비판적 사고력은 필요하지만 그것을 표현할 때는 적절하게 친사회적 방법으로 드러내야 합니다.

## 지적인 의심을 위해
## 필요한 질문은 무엇일까?

지적인 의심을 위해서 어떤 질문을 해야 하는지 살펴봅시다. 다만 이런 질문은 타인을 비난하기 위한 것이 아니므로, 스스로 질문하면서 사고력을 기를 수 있도록 해야 합니다.

첫째, 지적인 의심의 첫걸음은 근거를 확인하는 질문입니다. 어떤 정책이나 주장 등에 대한 관련 사실 자료에 문제가 있는 경우나 숨은 의도가 있는지 파악하는 질문입니다.

— 어떤 자료를 근거로 그런 주장을 할까?
— 어떤 이유로 그렇게 결정했을까?
— 숨겨진 의도가 담겨 있지 않은가?

둘째, 세부적으로 자료가 있는 경우에 출처를 확인하는 질문입니다. 출처가 신뢰할 만한지, 자료에 등장하는 전문가는 그 분야에서 활약하는 전문가인지, 정보를 가공하지 않았는지 등을 파악하는 질문입니다.

— 이 자료는 어떤 방법으로 작성되었는가?
— 이 자료의 출처는 어디일까?
— 이 자료의 관련 기관은 믿을 만한가?
— 이 자료를 주장하거나 연구한 사람은 신뢰할 만한가?

— 이 자료를 주장하거나 연구한 사람은 그 분야 전공자인가?

— 출처가 자료로 이익을 보는 곳과 연계되어 있지 않은가?

셋째, 자료나 내용이 논리적인지 타당한지를 확인해야 합니다. 특히 이 과정에서 숨겨진 가정이나 편견 등이 담겨 있지 않은지 파악할 수 있어야 합니다.

— 이 자료의 논리적인 설명 과정에서 중간에 빠진 것은 없는가?

— 이 자료의 결론을 제시하는 논리가 타당한가?

— 이 자료에 숨겨진 의도나 왜곡된 사항은 없는가?

— 이 자료는 특정 관점이나 주장만 하는 것은 아닌가?

— 이 자료는 잘못된 가정을 전제하고 있는 것은 아닌가?

— 이 자료는 편견이나 고정관념을 반영한 것은 아닌가?

# 관점 분석 질문



## 사람들은
## 왜 편견을 가질까?

편견은 일반적으로 특정 집단에 대해 한쪽으로 치우친 부정적 생각을 말합니다. 예를 들어 어떤 집단에 대해 '머리가 나쁘다' '성격이 나쁘다' '게으르다' 등의 부정적 생각을 갖는 것이 그러합니다. 편견의 문제는 특정 집단의 구성원이 모두 동일한 특성을 보이지 않는데도 하나로 묶어서 부정적인 의견을 제시한다는 것입니다.

그렇다면 왜 편견을 가지면 안 될까요? 편견은 기본적으로 특정 집단에 소속된 개인들의 고유성과 다양성을 인정하지 않기 때문입니다.

모든 개인은 '여자라서' '남자라서' '청소년이어서' '어떤 민족이어서' 등 특정한 특성에 따라 한 집단으로 묶이지만, 사실 해당 집단에 속한다고 해서 동일한 특성을 보이는 것은 아닙니다.

편견이 정말 문제가 되는 지점은 편견 대상이 되는 집단이 대부분 사회적 약자라는 점입니다. 일반적으로 그 사회의 다양한 특성 중에서 사회적으로 권력을 적게 가진 집단에 속한 사람들에게 편견을 갖기에 문제가 불거집니다. 그러다 보니 사회심리학자나 사회학자 들은 편견이 어떻게 사회에서 학습되는지에 관해 많이 연구했습니다. 사회심리학자 재스퍼 데그너(Jasper J. Degner)와 요나스 달레게(Jonas Dalege)는 편견에 대한 여러 연구자의 실험 연구 200여 편을 종합적으로 분석했습니다.[1]

연구팀이 모은 연구들은 대부분 유럽과 미국 등지에서 이루어진 것이었습니다. 종합 결과, 부모의 편견과 자녀의 편견은 상관관계가 있는 것으로 나타났습니다. 또한, 아동 및 청소년은 연령에 따라 편견에 영향을 미치는 집단이 달랐습니다. 10세 미만에는 부모의 영향이 크고, 사춘기부터는 또래 집단이나 미디어의 영향이 크게 나타났죠.

특히 어릴 때 부모가 특정 집단에 대해 농담하거나 경계하는 등 편견을 보이면 자녀가 편견을 학습했습니다. 자녀는 부모의 언어 등에 담긴 편견을 명시적으로 학습했고, 부모가 일상에서 무의식적으로 보이는 편견도 받아들였습니다.

결론적으로 보면, 편견은 어렸을 때 부모를 통해 학습하며, 미디어 등을 통해 강화될 수 있습니다.

그렇다면 이렇게 학습된 편견을 비판적으로 성찰하지 않으면 어떤 문제가 생길까요? 미국의 심리학자 켈리 호프먼(Kelly M. Hoffman) 연구팀의 연구를 봅시다.[2] 연구를 살펴보니 미국의 의대생과 레지던트는 "흑인은 백인에 비해 피부가 두껍고 신경이 덜 예민하다"라는 편견을 갖고 있었습니다. 그래서 같은 질병으로 환자가 고통을 호소하더라도 백인 환자에 비해 흑인 환자에게는 진통제를 적게 처방했죠. 과학적이라고 생각했던 의학에서도 편견에 의해 환자를 다르게 다룬다는 점을 보여주는 연구입니다.

## 관점을 갖는 것도
## 편견일까?

그렇지만 어떤 사건을 보고 나름의 관점을 갖는 것은 자연스러운 일이기도 합니다. 주관을 가지고 사안을 바라보는 것과 편견을 갖는 것의 차이는 무엇일까요? 주변에 커피를 파는 카페가 많아지는 현상을 본 A와 B가 대화를 나누는 경우를 생각해 봅시다.

A: 요즘 한 집 건너 새로운 카페가 생기는 것 같아. 사람들이 카페에 대화를 나누는 것을 편하게 생각하여 이용하는 사람이 늘어난 결과겠지. 이제는 집에 사람 초대하는 것을 이상하게 생각하겠어.
B: 내가 봐도 카페가 점점 더 늘어나는 것 같아. 이렇게 카페가 늘어나서 커피

소비를 많이 하는데도 커피 원두를 생산하는 원산지 사람들은 가난한 이유가 무엇인지 궁금해.

두 사람은 모두 카페가 증가하는 현상에 관해 이야기하지만, 두 사람이 주목하는 문제 의식은 다릅니다. A는 사람들 간의 카페가 관계 형성의 장이라는 점에, B는 커피 원두 노동자의 가난한 삶에 초점을 둡니다. 또한 A는 그 현상이 일어나는 일상적 사람들의 관계에 초점을 둔다는 점에서 미시적 관점을 갖고, B는 세계적인 측면의 가난이나 불평등 등에 초점을 둔다는 점에서 거시적 관점을 갖는다고도 볼 수 있죠.

미시적·거시적 관점 얘기를 조금 더 해볼까요? 예를 들어 상품 가격이 증가하는 통계를 보고, 한 사람은 상품의 가격이 오르면 사람들의 생활비가 늘어나겠다고 말합니다. 이 경우에는 개인의 일상을 걱정하기에 미시적 관점을 적용한 것입니다. 그런데 다른 사람은 물가가 오르면 경제 전반에 인플레이션이 생긴다고 말합니다. 이 경우는 사회 전체적인 문제를 제시하기에 거시적 관점을 적용한 것입니다.

무엇이든 관점을 주장할 때는 관련 정보나 자료 등을 왜곡하지 않고 정확하게 제시하여 증거 자료로 활용할 필요가 있습니다. 위에서 제시한 카페 증가나 물가 상승 사례에서 보듯이, 관점은 현상을 분석하는 수준이나 문제 해결 범위와 방법 등에서 차이를 보입니다.

그런데 관점 중에는 미시적 관점과 거시적 관점 외에 다른 관점도 존재합니다. 예를 들어, 누군가의 범죄에 대해 제대로 된 설명을 듣지 않은 상태에서 사람들이 나누는 대화를 살펴봅시다.

A: 사회는 급하게 변하는데 그에 맞는 규범은 없으니 저런 범죄를 저지르지.

B: 무전유죄, 유전무죄라는 말이 있잖아. 돈 없는 사람만 저렇게 범죄자가 되지.

C: 아마도 이상한 친구를 만나서 범죄 문화를 배운 탓에 범죄를 저질렀을 거야.

D: 한 번 죄지은 사람이 전과자가 되면 사회가 냉정하게 대하니, 다른 방법을
　　못 찾고 다시 죄를 저지르게 되었을 거야.


4명은 범죄의 원인에 대해 달리 인식합니다. A는 규범의 부재, B는 사회 불평등, C는 인간관계, D는 사회적 낙인에서 원인을 찾고 있습니다. 이렇게 원인을 달리 바라보면 해결 방법도 다를 것입니다. 실제로 A~D의 의견은 범죄 사회학자들이 갖는 여러 관점을 간단하게 풀어쓴 것입니다.

앞에서 살펴본 편견과 여기서 제시한 관점의 차이는 무엇일까요? 앞에서 보았듯이 편견은 특정 집단, 특히 사회적 약자에 대한 한쪽으로 치우친 부정적 생각입니다. 이와 달리 관점은 사회현상 중 어딘가에 초점을 두고 그 원인이나 해결 방법을 설명하려는 것입니다.

관점에도 편견이 들어가는 경우가 있습니다. 예를 들어 30대 중반의 싱글 남녀 중에서 좋은 대학을 나와서 똑똑한 사람을 두고 "이런 사람들이 빨리 결혼해서 자녀를 낳아야 국가 발전에 도움이 되는데"라고 말하는 사람이 있습니다. 이 말에는 2가지 관점이 있습니다. 하나는 출산을 개인의 선택으로 보는 것이 아니라 국가 발전에 도움이 되는 행위로 보는 인구성장의 관점입니다. 다른 하나는 똑똑한 사람이 자녀를 낳아야 한다는 우생학적 관점입니다.

의도한 것은 아닐지라도, 이런 관점은 편견으로 작동할 수 있습니다. 출생을 개인의 선택이 아니라 국가 성장을 위한 도구로 보면 아이를 낳지 않은 개인은 국가 측면에서 문제가 됩니다. 또한 똑똑한 사람이 아이를 낳아야 한다는 관점도 사회 구성원들에게 박탈감을 준다는 점에서 문제가 됩니다. 이 경우에는 관점이 특정한 집단에 대한 편견을 갖게 합니다.

이런 관점이 문제가 되는 것은 자료나 증거에 기반하지 않고 관점을 제시하기 때문입니다. 동일한 관점을 적용하더라도 증거 자료를 바탕으로 조금 달리 의견을 제시하면 편견을 줄일 수 있습니다. 예를 들어 "여러 나라의 자료를 보면, 아이를 많이 낳는 사회가 그래도 발전 가능성이 높다고 해. 아이를 원하면 낳을 수 있도록 지원하는 제도가 필요해"라는 표현에도 출산이 국가 성장에 유익하다는 관점이 담겨 있습니다. 그러나 여기에서는 특정 집단을 우대하거나 문제시하는 편견이 드러나지 않습니다.

사회현상에 대한 관점을 갖는 것이 문제가 아니라, 관점에 특정 집단에 대한 편견을 담아 제시하는 것이 문제입니다. 따라서 어떤 관점을 드러 낼 때는 스스로 특정 집단에 대한 편견을 담는 것은 아닌지를 성찰해야 합니다.

더 나아가 자신이나 사람들이 어떤 현상을 바라보는 관점에 대해서도 살펴보아야 합니다. 충분한 증거 자료나 정보에 기반하지 않고 잘못된 신념이나 감정에 치우친 관점이 아닌지 성찰해야죠. 더불어 자신과 다른 관점을 인정하고, 다른 관점에서 도움받을 만한 점이 무엇인지도 같이 생각하는 것이 좋습니다.

그런 점에서 관점을 적용하거나 특정한 관점을 가지고 현상을 설명하는 사람들을 보면서, 다음과 같은 질문을 해볼 필요가 있습니다.

— 현상에 대한 관련 자료나 정보 등을 바탕으로 판단한 후 관점을 제시하는가?

— 감정이나 개인의 편향된 경험에 따른 관점이 아닌가?

— 나의 관점이 편견일 수 있지 않을까?

— 저 사람의 관점도 객관적이지 않고 편견일 수 있지 않을까?

— 주변 사람들이 압력에 의해 내가 특정 관점을 수용한 것은 아닐까?

— 내가 현상을 설명하면서 특정 집단이나 사람에게 불리하거나 부정적인 의견을 제시하는 것은 아닌가?

— 나의 관점만 중요하고 다른 관점을 부정하는 것은 아닌가?

## 편견을 확인하는
## 질문은 무엇일까?

미국의 심리학자인 패트리샤 디바인(Patricia G. Devine) 연구팀의 연구를 봅시다.[3] 이 연구팀은 18~22세의 백인 대학생 91명을 므작위로 선정했습니다. 사전 검사에서 연구 대상자들에게 흑인과 백인의 얼굴을 보여주고 얼굴별로 긍정적 단어와 부정적 단어를 짝지어 분류하게 했죠. 연구팀은 이를 통해 인종에 대한 개인의 무의식적 편견을 측정하고자 했습니다.

연구팀은 여기서 멈추지 않고 실험 집단에는 '반례 제시하기' 등의 무의식적 편견을 줄이는 교육을 하고, 통제 집단에는 별다른 교육을 하지 않았습니다.

여기서 말하는 '반례 제시하기'는 편견의 대상이 실제로는 그렇지 않음을 사례로 알려주는 것입니다. 아이들이 여자는 예쁜 드레스만 입는다는 편견을 가진 경우에, 드레스를 입지 않아도 호감을 얻는 여자 주인공을 그려낸 동화책을 공부하여 여자들이 바지도 입는다는 것을 배우게 하는 것이죠. 이것이 반례 제시하기를 활용한 반편견 교육 사례입니다.

다시 연구팀의 실험으로 돌아가봅시다. 실험 집단에게 반편견 교육을 한 결과는 어떻게 되었을까요? 여러분이 기대하는 것처럼, 사후 검사에서 아무런 교육도 하지 않은 통제 집단에 비해 반례 제시하기 교육 등 반편견 교육을 받은 집단의 무의식적 편견이 줄어들었습니다.

편견은 다양한 경험이나 정보를 새롭게 파악하지 못해서 나타나는 것입니다. 처음에는 몰라서 편견을 가질 수 있어도, 나중에 제대로 알면 편견을 극복할 수 있다는 것이죠.

스스로 편견을 가졌는지를 확인하는 질문은 다음과 같습니다.


— 어떤 집단에 대한 나의 이 생각은 어디서 시작되었을까?
— 어떤 집단에 대한 이 의견은 내가 다양하게 경험하고 판단한 것일까, 선입견일까?

— 어떤 집단에 대한 이 의견은 객관적 자료나 정보에 의한 것일까, 부정적 감
  정에 의한 것일까?
— 어떤 집단에 대한 이 의견을 그 집단 구성원이 들었다면 상처가 되지 않을까?

그리고 편견을 가진 사람에 대해서도 다음과 같은 질문을 던져 스
스로 성찰하도록 할 수 있습니다.

— 실제로 차별받은 사람이 차별로 인해 얼마나 고통스러워하는지 그들의 이
  야기를 들어본 적이 있나요?
— 지금 사용한 그 표현을 내게 적용하면 기분이 좋지 않을 것 같은데, 그런
  표현을 들으면 상대는 기분이 괜찮을까요?
— 당신이 말한 그 사람들의 그 특징도 인간으로서 최선을 다해서 살아가는
  방식이지 않을까요?
— 긍정적으로 다른 측면도 볼 수 있지 않을까요?

# 표·그래프 분석 질문

> 🔍 **핵심 질문**
> 표와 그래프를 잘 분석하려면 어떻게 해야 할까?

## 표나 그래프를 활용하면
## 좋은 점은?

네덜란드의 경제학자 얀 펜의 '난쟁이 행렬' 그림을 본 적이 있나요? 60분 동안 사람들이 한 줄로 서서 이동하는 그림인데, 사람들의 키가 소득을 나타냅니다. 소득이 가장 낮은 사람이 먼저 등장하고, 마지막 60분에 가장 소득이 높은 사람이 등장합니다. 간단히 설명하면 한 사회 구성원의 소득을 보여주는 그림이라고 할 수 있습니다.

행렬의 앞부분에 등장하는 사람은 땅속으로 머리가 들어가 있습니다. 눈치 챘겠지만, 소득이 마이너스로 빚을 지고 살거나 그해 영업손

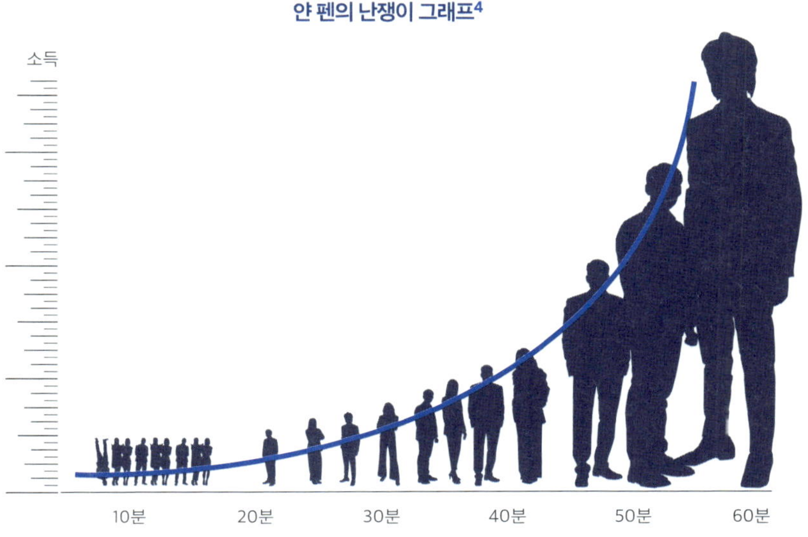



실이 큰 자영업자들입니다. 5분 정도 지나서 아주 키가 작은 사람들이 걸어갑니다. 행렬에 등장하는 모든 사람 키의 평균, 즉 소득의 평균에 해당하는 사람은 전체 60분 중에서 48분경에 등장합니다. 그리고 행렬의 마지막, 60분을 몇 초 남겨둔 상황에 고소득인 기업인 등이 등장합니다. 해당 그림을 보면, 한 사회 구성원들의 소득 불평등 정도를 쉽게 파악할 수 있고, 누가 소득이 낮고 높은지를 파악할 수 있습니다.

이 행렬은 사실 한 사회의 소득 불평등에 대한 막대그래프를 그림으로 표현한 것입니다. 소득 불평등을 숫자로 설명하면 매우 복잡해집니다. 그런데 얀 펜의 그림으로는 한눈에 볼 수 있어서 불평등 현상을 쉽게 이해할 수 있습니다.

그림보다는 조금 이해하기 어렵지만 표나 그래프도 어떤 현상을 한 번에 파악하게 합니다. 사실 사회현상을 인과적으로 설명할 때 표나 그래프와 같이 시각적인 자료를 제시하면 설득이나 정보 전달에 효율적입니다. 더구나 표나 그래프로 숫자를 보면 경향성이나 변화의 추이를 파악하기 쉽습니다.

그림, 표나 그래프를 잘 활용하면, 사회현상에 관한 자료를 분석하고 인과관계를 파악하는 등 여러 측면에서 좋습니다. 객관적인 자료라고 여겨져서 쉽게 수용될 수 있다는 점도 장점이죠.

따라서 표나 그래프를 사용하여 현상을 설명하려면 분석을 정확하게 해서 오류 없이 잘 전달해야 합니다. 반대로 다른 사람이 제시한 표나 그래프에 대한 설명을 볼 때는 적절한 자료를 사용했는지, 적절한 설명을 오류 없이 하고 있는지를 잘 분석해야겠죠.

## 표나 그래프를
## 제대로 읽는 방법은?

표나 그래프는 제대로 이해하고 설명할 수 있어야 인과관계를 설정하거나 문제 해결을 위한 자료로 활용할 수 있습니다. 이를 위해서는 표나 그래프의 특성을 잘 파악하여 이해해야 합니다.

다음에 제시된 그래프를 같이 보면서 살펴볼까요? 먼저 다음의 그래프를 제대로 읽기 위한 질문을 제시해 보겠습니다.

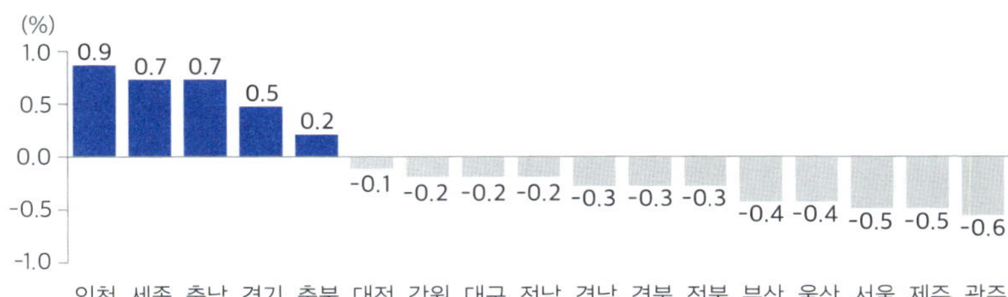



1. 그래프의 제목은 무엇인가?

2. 자료의 출처는 어디인가?

3. 범례가 있는가? 있다면 무엇을 보여주는 내용인가?

4. '순이동률'은 무엇을 설명하는 표현인가?

5. 자료는 해당 연도만 보여주는가? 다른 연도와 비교하고 있는가?

6. 세로축에 있는 자료는 무엇에 관한 것이고, 단위는 무엇인가?

7. 가로축에 있는 자료는 무엇에 관한 것이고, 단위는 무엇인가?

8. 2024년에 순이동률이 가장 높은 지역은 어느 곳인가?

9. 2024년에 순이동률이 플러스인 지역은 어디이고, 마이너스인 지역은 어디인가?

10. 2024년에 서울은 다른 지역으로 전출한 인구가 많은가, 아니면 다른 지역에서 전입한 인구가 많은가?

11. 2024년에 서울의 순이동률은 마이너스이지만, 인접한 수도권의 인천과 경기의 순이동률이 플러스인 이유는 무엇일까?

12. 2024년에 서울의 부동산 가격이 증가하여 인접한 경기와 인천으로 이주한 사람이 많다는 인과관계를 설명하려면, 어떤 자료를 추가로 찾아야 하는가?

위에 제시한 목록 중에서 1~7번은 그래프에서 답을 찾을 수 있습니다. 표에 대한 가장 간단한 정보를 파악하는 질문입니다.

한편 8~10번 질문은 제시한 그래프의 의미를 읽어내는 질문입니다. 제시된 것과 유사한 질문을 통해 그래프에서 제시하는 현상을 설명할 수 있습니다. 이 경우에는 자료를 가치 판단 없이 그대로 읽습니다.

11번 질문은 그래프에 나오지 않는 내용에 관한 것으로, 그래프를 바탕으로 해석하는 질문입니다. 그래프에 드러난 사실 정보를 넘어서, 관련한 사회현상을 주관적으로 해석합니다. 이런 질문은 아무렇게나 만드는 것이 아니라, 상식적으로나 논리적으로 다른 사람들이 납득할 만한 문제의식을 바탕으로 질문을 구성해야 합니다.

그러면 12번 질문은 어떤 성격일까요? 일반적으로 표나 그래프는 그 자체로는 인과관계를 설명하지 못합니다. 그러나 표나 그래프를 보면서 11번과 같은 질문을 하고, 그 질문에 대한 답을 찾기 위해 노력해야 합니다. 12번 질문은 11번 질문에 그치지 않고 그 질문에 답하기 위해 어떤 자료를 추가하여 찾아야 하는지 파악하는 질문입니다.

표나 그래프를 읽고 그것을 바탕으로 현상을 적절하게 설명하고 잘 해석하기 위해서는 위에 제시한 질문을 순차적으로 던지면서 답을 만들어보면 됩니다. 또한 자신이 무엇인가를 설명하거나 해석하기 위해 적합한 표나 그래프를 잘 찾는 것도 중요합니다.

## 표나 그래프를
## 작성하는 방법은?

나이팅게일은 간호사를 위한 공식 교육을 개척한 사람으로 꼽힙니다. 그는 크림전쟁에서 간호한 경험을 바탕으로 1860년에 영국에 간호전문학교를 세웠습니다. 여기에는 그의 가정 배경도 일조했습니다. 부유한 집안에서 태어난 덕분에 그는 가정교육을 통해 다양한 교양 지식을 배울 수 있었고, 수학과 통계에 두각을 드러냈던 것이죠.

나이팅게일은 크림전쟁에서 병자들을 간호하면서 병의 특징을 정리하여 자료를 얻었고, 이를 통해 환자의 건강에는 병원의 청결도 중요하다는 결론을 얻습니다. 그런데 여성인 그녀의 이야기를 아무도 듣지 않았죠. 그러자 그녀는 로즈 그래프를 개발하여 12개월 동안 환자의 특징을 정리했습니다.

나이팅게일은 뛰어난 통계학자였기에 자신이 찾은 문제의 원인을 보여주기 위해 12개월 동안 환자가 사망한 이유를 구분하고, 이를 바탕으로 로즈 그래프를 그려 보여주기로 한 것입니다. 또한 청결을 강조한 후의 결과와 비교하기 위해 이전 연도와 이후 연도의 차이도 비교했습니다. 다음 페이지의 그림이 대표적인 로즈 그래프입니다.

# 로즈 그래프 읽기에 필요한 질문 만들기

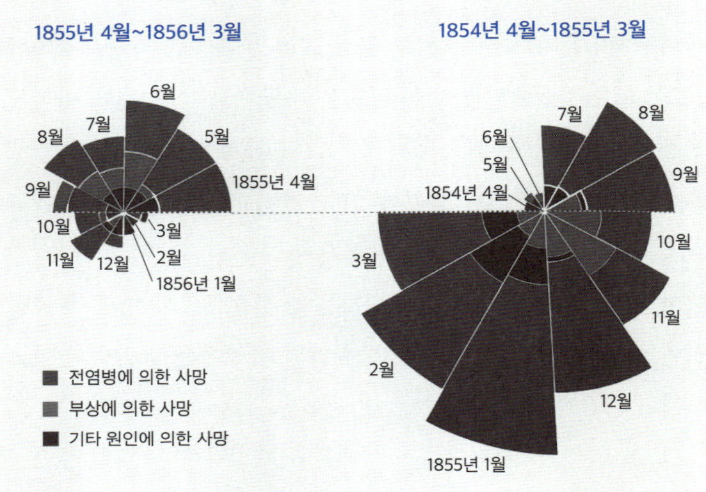


앞에서 살펴본 그래프 읽기 질문 사례를 활용하여, 위의 로즈 그래프를 읽기 위한 질문을 몇 개 만들어보세요.

-

-

-

-

이렇게 과학적으로 잘 구성된 그래프로 그는 병원 담당자들을 설득할 수 있었습니다. 그의 이런 과학적인 발견은 간호학교를 만드는 데 중요한 역할을 했습니다. 우리도 나이팅게일처럼, 자신의 목적을 위해 현상에 대한 인과관계를 찾아 해결 방안을 마련하는 데 도움을 주는 자료를 구성할 수 있습니다. 이를 위해 할 수 있는 질문을 정리해 봅시다.

— 내가 자료를 제시하는 목적은 무엇인가?

— 내 자료를 봐야 하는 사람은 누구인가?

— 내가 자료를 통해 보여줘야 할 내용은 무엇인가?

— 자료를 구성할 때 표나 그래프 중 어느 것이 더 나은가?

— 내가 구성할 자료와 유사한 표나 그래프가 있는가?

— 나의 목적을 위해 새롭게 표나 그래프를 구성한다면 어떻게 해야 할까?

— 어떤 그래프를 사용해야 할까? 새로운 그래프를 작성해야 할까?

— 변화를 보여주어야 할까?

— 그래프에 들어갈 정보, 단위는 어떤 것이어야 할까?

— (몇 개를 작성한 후) 나의 목적에 비추어 가장 적절한 것은 무엇인가?

— 내가 구성한 표나 그래프에 단위, 연도 등 빠진 기본 정보는 없나?

— 표나 그래프의 제목은 무엇이라고 적어야 할까?


만약 색다른 표나 그래프 자료를 만들고 싶다면 어떻게 해야 할까요? 포털 사이트에 검색어로 '데이터 시각화'를 검색하면 다양한 시각 자료를 찾을 수 있습니다. 또한 '공공데이터 시각화'로 검색하여 시각화가 잘된 정부 자료를 검토하는 것도 도움이 됩니다.

## 표나 그래프를 해석할 때
## 비판적으로 질문할 점은?

표나 그래프의 경우, 사실 정보에 더해 해석이 첨가되기에 사실 그 자체만을 객관적으로 보여주지는 않습니다. 예를 들어 컵에 물이 반이 찬 경우에 제목이나 자료 분석 과정에서 "컵에 물이 반이나 있다" 또는 "컵에 물이 반밖에 없다"라고 하면 모두 사실을 보여주지만, 두 진술에는 주관성이 담겨 있어서 어떤 것은 긍정적으로, 어떤 것은 부정적으로 읽힙니다. 반면, "$200\,cc$ 컵에 물이 $100\,cc$가 담겨 있다"라고 하면 중립적인 표현이 됩니다.

이런 점을 고려하면, 다른 사람의 표나 그래프를 해석할 때는 비판적으로 지적인 의심을 담아 질문해야 합니다. 일반적으로 비판적 사고는 정오나 진위를 정확하게 드러내는지를 파악하고, 이면에 숨겨진 편견이나 의도가 있는지 알아냅니다. 표나 그래프를 해석할 때 비판적으로 사고하기 위해 해봐야 할 지적인 의심이 담긴 질문을 봅시다. 이러한 질문을 하면서 자료를 살펴보면, 자료를 조금 더 객관적으로 파악할 수 있을 것입니다.

— 자료에서 제시하는 사실 정보를 정확하게 설명하고 있는가?
— 자료의 출처는 믿을 만한 곳인가?
— 최신 자료인가?
— 그래프에 시각적으로 왜곡된 것은 없는가?

— 표나 그래프 자료를 바탕으로 인과관계나 상관관계를 왜곡하지 않았는가?

— 자료의 일부분만 활용하여 전체 자료인 것처럼 설명하고 있지 않은가?

— 자료 내에서 비교하면서 왜곡된 부분을 두드러지게 하려는 의도를 브이지는 않았는가?

— 자료 해석에 등장하는 전문가는 그 분야 전문가인가? 특정한 집단에 편견을 가진 사람은 아닌가?

— 자료를 제시하는 기관이나 신문사는 특정한 정치적 성향이 있지 않은가?

# 동영상·텍스트 분석 질문

> **Q 핵심 질문**
> 무엇인가를 주장하는 자료는 어떻게 분석할까?

## 다양한 텍스트나 동영상 자료는
## 어떻게 읽어야 할까?

2025년 방영한 드라마 〈미지의 서울〉에서는 쌍둥이가 서로의 삶을 바꾸어 사는 이야기입니다. 드라마에는 과거에 어쩔 수 없이 이름을 바꾸어 산 두 여인의 삶이 나오는데요. 이 두 여인은 자신들의 상황에 대해 '시를 읽는 마음'으로 이해해 달라고 요청합니다.

시를 읽는 마음은 어떤 것일까요? 학교 국어 시간에 우리는 글의 유형에 따라 어떤 점에 초점을 두어 읽고 써야 하는지 배웁니다. 시는 은유나 비유를 활용해 풍부한 상징이 담긴 시어를 사용하므로, 시인이 그 언어를 어떤 마음으로 택했는지 살피고 시인의 마음에 공감하면서 이해해야 하는 글입니다. 결국 시를 읽는 마음은 시인의 주관적 느낌을 나의 주관적 느낌으로 수용하는 자세를 말한다고 할 수 있죠.

반면 논설이나 신문 사설과 같이 주장을 하는 텍스트는 어떻게 읽어야 할까요? 어떤 사안에 관한 주장에서는 객관적이고 구체적인 자료를 근거로 제시하면서 논리적으로 증명하는 것이 필요합니다. 그러니 주장을 담은 글을 읽을 때는 주장에 사용한 자료가 적절한지, 자료가 논리적으로 일관되게 잘 연결되는지 등이 중요합니다. 최근에 유튜브에서는 자기주장을 하는 영상을 많이 봅니다. 글이 아닌 영상에서도, 누군가가 무엇을 주장한다면 논증의 과정을 살펴야 합니다.

이때 무엇인가를 파악하는 데 사용한 자료의 특성에 따라 이해하는 태도가 달라야 합니다. 특히 나의 문제 해결에 참고하거나 다른 사람에게 논증하면서 제시하는 경우에는 텍스트나 동영상 등의 다양한 자료를 제대로 분석해야죠.

## 다양한 자료를
## 분석하는 방법은?

### 문제와 해결 방안을 찾을 수 있는 신문 기사

요즘은 종이 신문 대신 인터넷 신문을 많이 읽고 영상을 통해 전문 자료를 학습하는 시대이지만, 신문 기사는 어떤 사안에 대해 관련 자료를 바탕으로 문제 제기와 해결 방안을 제시하는 글로서 의미가 있습니다. 문제 해결 등을 위해 어떤 신문 기사를 읽어야 할까요? 신문 기사는 크게 스트레이트 기사, 해설 기사, 의견 기사로 나눕니다.

스트레이트 기사는 특정 사건에 육하원칙(5W1H, 누가/언제/어디서/무엇을/왜/어떻게)을 적용하여 보도하는 기사입니다. 두괄식으로 글을 작성하는데, 첫 문장만 읽어도 사건에 관한 사실 정보 파악이 가능합니다. 이 경우에는 진술이 진실인지를 파악하는 것이 가장 중요하죠.

해설 기사는 스트레이트 기사에 담긴 사건의 배경이나 원인을 추가로 설명하면서 분석하고 대안을 제시하는 기사입니다. 사실 정보에 초점을 두기는 하지만 무언가를 분석하고 전망한다는 점에서, 해설 기사에는 누군가의 의견이 반영됩니다. 전문가의 의견을 넣기도 합니다. 이 점에서 논리에 기반한 논증을 잘하고 있는지를 파악해야 합니다.

의견 기사는 칼럼이나 사설 등과 같이 개인의 주장이 담긴 기사입니다. 어떤 사건에 대해 관련 자료로 논증하면서 주장하는 가치나 특정 방향의 의견을 담아냅니다. 의견 기사에는 자료를 바탕으로 하는 정보와 주관적 의견이 혼재돼 있으므로, 이를 잘 구분해야 합니다.

사람들이 신문 기사가 사실 자료를 객관적으로 제시한다고 생각하지만, 그렇지 않습니다. 신문 기사의 많은 부분을 차지하는 해설 기사나 의견 기사가 신문사 편집장에 의해 선택된다는 점에서 신문 기사에는 신문사 고유의 주관적인 의견이 담기게 됩니다. 그러니 신문에서 나의 문제 해결에 도움을 받을 자료를 얻더라도 기사의 의견이나 방향성을 전적으로 따라서는 안 됩니다.

## 전문가의 의견을 들을 수 있는 전문 서적이나 보고서

내가 해결할 문제에 대해 그 분야 전문가의 의견을 직접 듣는 것은 좋은 선택이지만, 비용과 시간적인 어려움 때문에 그러기는 쉽지 않습니다. 그러나 우리는 다행스럽게도 책이나 보고서를 통해 전문가의 의견을 간접적으로 얻을 수 있습니다.

어떤 현상에 대해 전문가는 연구 과정에서 얻는 다양한 자료를 객관적 증거로 제시하면서 주장을 합니다. 그래서 글솜씨가 좋은 전문가의 전문 서적에는 나의 문제 해결에 도움이 되는 많은 정보나 자료가 들어 있습니다. 보고서도 마찬가지인데, 특히 관련 분야의 여러 전문가가 같이 작업하기에 더 좋은 자료와 결론을 보여줄 때가 있습니다.

다만 전문 서적이나 보고서를 참고하는 경우에 몇 가지를 유의해야 합니다. 먼저, 내용이 어렵다는 점입니다. 전문 서적은 전문 용어로 서술되며 깊은 논의를 보여주기에 쉽게 이해할 수 있는 자료는 아닙니다. 이때는 모든 내용을 다 이해하려고 하기보다는 내가 사용할 자료 정보를 파악하기 위해 읽는다는 마음으로 참고해 보세요.

다음으로, 저자가 정말로 해당 분야의 전문가인가를 살펴야 합니다. 과거와 달리 출판이 쉬워지면서 비전문가가 책을 내는 경우가 있기 때문입니다.

이보다 더 중요한 것은 책과 보고서에는 전문가의 관점이나 의견이 들어 있어서 주관적인 측면이 있다는 점입니다. 해당 분야 전문가라 하더라도 사람마다 어떤 사안을 보는 관점은 다를 수 있으므로 하나의 의견으로 참고하는 것이 적절합니다.

### 쉽고 재밌지만 꼼꼼히 봐야 하는 영상 자료

최근에는 책과 같은 텍스트 자료 대신에 영상 자료에서 전문적 내용을 파악하는 경우가 많습니다. 어떤 영상 자료가 있을까요? 대표적으로 시사 뉴스 영상, 사실 정보 위주의 내용을 제공하는 다큐멘터리 영상, 전문가가 나와서 대담하거나 인터뷰하는 영상이 있습니다.

이들 영상 자료는 텍스트 자료에 비해 쉬운 시각적 정보를 제시합니다. 특히 전문가들이 나와서 대담한 영상이나 정보를 요약해 주는 쇼츠 등은 어디서나 쉽게 접근할 수 있어서 많은 사람이 이용하죠.

그런데 영상에서는 집중해서 분석하지 않으면 논리적 문제나 모순을 파악하기가 어렵습니다. 시각적 정보가 많고 화려하기 때문입니다. 간혹 거짓말이나 가짜 자료도 있는데 말이죠. 반면 책은 '앞의 주장과 다른 주장을 하는 것 같은데'라면서 뒤로 돌아가 볼 수 있죠. 그러니 영상으로 된 자료를 활용할 때는 더 꼼꼼하게 분석해야 합니다.

## 텍스트나 영상 자료 분석에서
## 어디에 초점을 두어야 할까?

### 첫째, 정보 제공자의 전문성과 자료 출처

서적의 저자나 기사에 등장하는 전문가가 해당 분야에서 전문성을 가졌는지는 자료의 신뢰성과 관련하여 매우 중요합니다. 이와 관련해서는 저자나 전문가의 이름이 실명인지를 먼저 확인해야 합니다. 익명의 누군가가 낸 자료라면 그 정보를 수용하는 데 주의를 기울여야 합니다. 전문가가 실명으로 나와 있다면 직장이 어디인지, 주 연구 분야가 해당 분야인지, 그 분야에서 알려진 사람인지 등을 파악합니다. 더불어 사용한 자료가 있는 경우에 출처가 신뢰할 만한지를 파악해야 합니다. 일반적으로 출처가 공공기관인 경우이면 신뢰할 만합니다.

이를 확인하기 위해서는 다음과 같은 질문을 해야 합니다.


— 자료에서 주장하는 전문가는 실명인가? 그의 소속은 나와 있는가?

— 저자는 어떤 연구를 했는가? 저자는 어느 분야에서 일을 했는가? 저자는 그 분야에서 신뢰할 만한 전문가인가?

— 자료를 제작한 사람이나 저자의 위치를 고려하면, 그의 이해관계나 이익에 도움이 되는 주장을 하는 것은 아닌가?

— 제시된 자료의 출처는 믿을 만한 곳인가?

— 인공지능을 활용하여 만든 자료일 가능성은 없는가?

— 가짜로 상황을 만든 자료는 아닌가?


**둘째, 핵심 주장과 그것을 뒷받침하는 자료**

텍스트나 영상 자료의 경우, 사실 자료가 있다고 해도 대부분 주관적인 의견이 들어갑니다. 그러니 내가 참고하는 텍스트나 영상 자료에서 의견을 사실처럼 말하는 것이 아닌지를 확인해야 합니다.

이를 위해서는 먼저 자료에서 저자가 강조하는 핵심 주장이 구엇인지 파악하고, 그 주장을 뒷받침하는 논거가 타당하고 충분한지 평가해야 합니다. 또한 논리적 비약이나 오류가 있는지 살펴보는 것도 중요합니다. 더불어 현상을 보는 여러 관점 중에서 특정 관점을 적용하는지도 파악해야 합니다.

이를 확인하기 위해서는 다음과 같은 질문을 해야 합니다.

— 내용에서 최종적으로 중요한 주장은 무엇인가?

— 내용에서 사실 자료가 아닌 주관적인 의견은 무엇인가?

— 핵심 주장을 뒷받침하는 논거는 무엇이며, 해당 논리는 정확한가?

— 사실 자료를 바탕으로 제시하는 의견은 논리적으로 적절한가?

— 시중에 돌아다니는 가짜 뉴스나 주장을 제시하지는 않았는가?

— 제시한 자료에 오류, 논리적 모순, 통계의 조작이나 왜곡은 없는가?

— 특정 정보만 중요하게 다루고 다른 중요한 정보를 축소하거나 생략함으로써 메시지를 왜곡하지는 않는가?

— 다양한 관점을 설명하면서 해당 자료가 특정 관점에 따른 것이라고 주장하는가? 아니면 하나의 관점에서 해결책을 제시하지 않는가?

**셋째, 자료 분석 및 해석의 오류**

표나 그래프 해석과 마찬가지로 텍스트나 영상에서도 자료에 오류가 없는지 파악해야 합니다. 더불어 독자인 자신이 동조하는 자료만 걸러서 보고 있는 것은 아닌지 되돌아보아야 합니다.

이를 확인하기 위해서는 다음과 같이 질문해야 합니다.

— 문제점을 찾거나 해결 방안을 제시하면서 집단이나 문화보다는 개인의 성

향이나 성격에서 문제의 원인을 제시하지는 않은가?

─ 관련 상황을 충분히 다양한 측면에서 정리하여 제시하는가?

─ 저자나 전문가 또는 뉴스 전달자가 일반적이고 다수의 의견보다는 자신이

믿는 의견만 강조하면서 주장하지 않는가?

─ 내가 믿는 의견에 해당하는 자료만 읽고 있지는 않은가?

─ 하나의 사례만으로 전체가 다 그런 것처럼 일반화하지 않는가?

─ 예외적인 것을 일반적인 것으로 소개하지는 않는가?


**넷째, 여러 자료와의 대조**

책의 경우 다른 증거 자료를 바탕으로 주장하기도 하고 동일한 자료를 바탕으로 다른 주장을 할 수도 있습니다. 통계 자료도 전체가 아니라 일부만 편집해서 제시할 수 있습니다. 영상은 일부만 남기거나 색상이나 배경 등을 달리해서 편집하는 경우가 있고요. 원출처의 내용과 다를 수 있으니 원출처와 비교하는 작업도 필요합니다.

책이나 영상 자료에서 사건에 대하여 다양한 관점보다는 하나의 관점만 제시하는 경우가 많습니다. 그래서 해당 사건이나 관련 사안을 설명하거나 논증하는 자료 여러 개를 비교하면서 정리해야 합니다.

이를 위해서는 다음과 같은 질문을 해보아야 합니다.


─ 이 사안과 관련하여 다른 자료에서는 어떤 주장을 하는가?

─ 제시한 자료나 영상의 일부만 제시한 것은 아닌가?

─ 원자료를 조작한 것은 아닌가?

## 수평적 읽기는
## 왜 필요할까?

혹시 '수평적 읽기(가로 읽기)'를 들어봤나요? 오늘날 우리는 자료를 찾을 때 책보다는 인터넷이나 인공지능을 활용하여 검색합니다. 검색 결과를 링크별로 열면, 여러 인터넷 창이 겹쳐서 뜨는데, 이렇게 겹친 여러 창을 비교하면서 읽는 방식을 수평적 읽기라고 합니다.

스탠퍼드대학교 교수인 샘 와인버거(Sam Wineburg)는 온라인 정보의 신뢰성을 평가하면서 자료를 분석하는 방법으로 수평적 읽기를 제안했습니다.[6] 인터넷과 생성형 인공지능을 바탕으로 자료를 파악하는 이 시대에 꼭 필요한 정보 판별 전략입니다. 검색엔진과 SNS를 통해 방대한 양의 지식을 즉각적으로 접하면서, 신뢰할 수 없는 정보와 왜곡된 주장으로 당혹스러운 경우가 많기 때문입니다.

전통적으로 글을 읽을 때 사람들은 위에서부터 아래로 글을 읽어나가는 수직적 읽기(세로 읽기)를 사용했는데, 이런 전통적 읽기 방법으로는 온라인 자료를 분석하기 어렵습니다. 하나의 웹페이지를 처음부터 끝까지 꼼꼼히 읽는 방식만으로는 그 자료가 진실성 있는 신뢰할 만한 정보인지를 가려낼 수 없죠. 예를 들어 "특정 공부 방법이 성적을 올린다"라는 블로그 글을 끝까지 읽어도 글쓴이가 교수 방법 전문가인지, 해당 자료가 어떤 연구 결과에 근거한 것인지 알 수 없는 경우가 많습니다.

수평적 읽기는 이런 한계를 극복하기 위해 해당 페이지에 머무르지 않고, 새로운 창을 열어 해당 저자를 검색하고, 해당 자료 핵심어를 검색하고, 자료의 여러 출처를 가로지르면서 비교·검증해야 한다는 주장입니다.

이 방법은 사실관계나 출처의 신뢰성을 확인하는 데 특히 효과적입니다. 예를 들어 어떤 웹사이트에서 "아이폰 사용량이 늘어나면 계단에서 떨어져 죽는 사람이 증가한다"라는 그래프를 근거로 제시한다면, 수평적 읽기를 통해 곧바로 다른 사이트에도 그런 내용이 있는지 찾아봐야 합니다. 온라인에서 다양한 자료나 출처를 열어서 수평적으로 창을 왔다 갔다 하면서 분석하면 그럴듯해 보이는 자료의 허점을 빠르게 발견할 수 있죠.

오늘날 가짜 뉴스, 음모론, 상업적 과장 광고, 특히 정치적 선동성 기사나 과장된 건강 정보 또는 과학적 근거가 없는 통계 그래프 등에 속지 않기 위해 수평적 읽기는 매우 유용합니다. 단순히 '읽고 믿는' 것이 아니라, '읽고 다른 증거를 찾아 비교해 보는' 습관을 길러주기 때문입니다. 인터넷에서 얻은 정보를 그대로 받아들이는 대신, 다른 신뢰할 수 있는 매체나 전문가 의견, 데이터 출처를 확인하는 수평적 읽기를 한다면 더 신뢰할 만한 자료를 선택할 수 있을 것입니다.

# 자기 말만 하는
# 사람에서 벗어나다

토의토론을 위한 질문

# 시민으로서 해야 할 질문

> **🔍 핵심 질문**
> 공동체에서 시민은 왜 토의토론해야 하는가?

## 토의토론이
## 왜 필요할까?

영어 'idiot'은 '바보'로 번역됩니다. 영미권에서는 일상 대화에서 사용하지 않는 모욕적 표현입니다. 지적인 판단이 안 되는 상태라며 상대를 모욕하는 뜻을 담고 있기 때문입니다. 심한 경우에 언어적 학대나 괴롭힘이라고 여겨져 문제가 될 수 있습니다.

그런데 idiot의 어원이 되는 그리스어는 이와 사뭇 다른 의미였습니다. 그리스어 어원은 ἴδιος(idios)로, '사적인'이라는 의미입니다. 여기서 파생된 idiōtēs는 고대 아테네에서 시민으로서 해야 할 공적인 권리인 토론과 투표에 참여하지 않는 사람을 가리켰고, 그런 점에서 '정치에 무관심한 사람'을 의미했습니다.

이 단어가 나중에 영미권에서 지식이 부족한 사람, 교육을 받지 못한 사람으로 부정적 뉘앙스가 강해지면서, 지금의 '바보'라는 의미로 변화한 것입니다. 이를 보면 당시 아테네에서는 공적인 참여 활동을 하지 않은 사람을 부정적으로 인식했음을 알 수 있습니다.

아테네의 시민, 즉 자유민들은 직접 민주주의 시대에 스스로 의사결정에 참여하여 공동체의 운명을 결정했습니다. 구성원이 직접 참여하여 결정해야 민주주의 사회가 제대로 작동한다고 보았겠죠. 그들 눈에는 공적인 토의토론이나 선거 등에 참여하지 않고 사적인 일에만 신경 쓰는 사람이 사회적으로 문제가 있는 것으로 보였을 것입니다.

오늘날 우리는 아테네 시민과 달리 공동체 결정에 직접적으로 참여하기 어려운 상황입니다. 그리스 시기의 자유민과 달리 오늘날 시민은 공부하거나 일하면서 보내는 시간이 길기 때문입니다. 그러다 보니 공동체의 일에 대해 토의토론 하는 것을 말싸움이나 시간 낭비라고 생각하는 경우가 많습니다.

그러나 공동체를 이루고 살아가는 우리에게 토의토론은 꼭 필요한 일입니다. 가족이 외식하러 가는 경우를 생각해 봅시다. 무엇을 먹을지 결정하기가 쉽지 않습니다. 각자가 원하는 것이 다르기 때문입니다. 공동체 구성원의 생각과 의견이 다른 것은 당연합니다. 그럼에도 공동체에서는 무엇인가를 결정하면서 더 나은 공동체로 변화해야 합니다.

다른 의견을 가진 공동체 구성원이 존재하는 경우, 민주주의어 따른 결정은 어떻게 해야 할까요? 의견을 나누면 싸우는 것이 되니 이야기하지 말아야 할까요? 아닙니다. 먼저 자신이 알거나 원하는 바를 솔직하게 이야기하면서 서로가 가진 의견의 차이를 파악해야 합니다. 공동체 내에 존재하는 의견 차이를 인정하면서 결정을 시도하고 다름을 어떻게 인정해야 할지 고민해야죠.

그런 점에서 토의토론은 나와 다른 공동체 구성원이 무엇을, 어떻게 생각하는지를 파악하는 중요한 방법입니다. 토의토론은 TV에 나오는 패널 같은 전문가만 하는 것이 아니라, 민주주의 사회 구성원으로서 모두가 할 수 있어야 합니다. 토의토론의 방법이나 논의 내용이 전문적이지 않더라도 논의하는 것이 중요하다는 인식이 필요합니다.


## 토의토론을 잘 못 하는
## 이유는 무엇일까?


덴마크의 세계적인 장난감 회사인 레고는 목수가 창업한 회사로, 주요 경영자가 가족인 '가족회사'였습니다. 회사의 중요 사항을 창업자의 자녀와 손자녀가 결정했죠.

그런데 1997년, 레고는 매출이 하락하면서 위기를 맞습니다. 위기의 원인은 '창의성'을 지나치게 강조한 탓이었습니다. 당시 인기를 끌었던 영화의 주인공을 모델로 한 레고를 창의적으로 만들었는데, 전통적인 고객의 욕구를 만족시키지 못하면서 문제가 생겼던 거죠.

문제 해결 방안에 대해 회사 내에서 함께 토의토론하는 체계가 만들어지지 못한 것도 중요한 문제로 지적되었습니다. 회사가 가족 중심이라 실무자들이 업무 과정에서 느낀 우려 사항을 의사결정권자에게 전달할 통로가 없었던 것입니다.

건설적인 토의토론 문화의 부재가 세계적 명성을 가진 회사를 위기에 처하게 한 것입니다. 결국 2004년에 레고는 가족 외부의 전문경영인을 CEO로 영입합니다. 전문경영인은 레고사의 문제가 창의성이나 혁신의 부족이 아니라 부서 간 전략적 조율과 수평적인 소통의 부족에 의한 것이라고 보고, 이를 개선해 나갑니다.

공동체 내 구성원들의 연결 및 수평적 의사소통의 부재는 한국 사회 전반에서도 나타나는 문제입니다. 가족, 학교 수업, 회사 조직, 지역 공동체, 정치권 등 우리는 개인이 가진 의견을 쉽게 이야기하기 어려운 구조입니다. 가족회사였던 레고처럼, 일부가 결정하면 그것을 수용하는 권위주의 문화가 있기 때문입니다.

전통적으로 유교 전통이 있는 사회에서는 토의토론보다는 전달과 지시에 익숙합니다. 이렇게 되면 반대 의견이나 다른 주장을 내놓기가 어렵습니다. 이런 문화는 아이들이 입시 교육을 받으며 정답만 찾는 훈련을 하면서 더 강화됩니다. 정답 찾는 것에 익숙한 사회에서는 자신의 의견을 제시하기가 어렵습니다. 내 의견이 정답이 아닐지 모른다는 걱정부터 하기 쉽기 때문입니다. 1장에서도 이 내용은 살펴보았지요.

나아가 권위주의 문화에서는 개인보다 공동체의 동일성을 강조하기에 반대 또는 다른 의견을 내는 것을 긍정적으로 보는 것이 아니라 사회적 갈등을 유발하는 것이라고 봅니다. 문제가 있더라도 사회적으로 다수가 주장하면 침묵하거나 그냥 넘어가라고 합니다. "그냥 대충 넘어가자" "그 이야기하면 괜히 분위기만 나빠진다"라는 식의 문화에서는 토의토론이 쉽지 않습니다.

결국 개인적으로 토의토론을 잘하지 못하는 사람도 있지만, 사회적으로 토의토론이 어려운 것입니다. 그러나 토의토론이 안 되는 공동체의 실패를 레고 외에 무수히 많은 사례에서 볼 수 있습니다. 더 나은 공동체는 다양한 의견을 내고 그것을 쉽게 이야기할 수 있어야 합니다.


## 토의토론을 위해
## 가져야 하는 태도는?


더 나은 공동체가 되기 위해서는 토의토론이 가능한 사회문화를 만들어나가야 하며, 개인들도 편하게 토의토론을 할 수 있어야 합니다. 그러려면 어떻게 해야 할까요?

먼저, 다른 의견을 제시하여 공동체가 갈등하더라도 괜찮다는 문화가 만들어져야 합니다. 이 말은 갈등이 더 많이 일어나야 한다는 것이 아닙니다. "비 온 뒤에 땅 굳는다"라는 말처럼 되어야 한다는 것입니다. 그러기 위해서는 갈등 자체를 문제로 보는 것이 아니라 갈등을 조정하지 않거나 못하는 것이 문제라고 보아야 합니다.

공동체에 갈등이 일어났을 때 잘 조정하는 것이 공동체의 역량입니다. 이를 위해서는 공동체 구성원들이 집단을 이루어 의사소통할 때 다른 의견을 내거나 소수가 목소리를 낼 수 있는 기회를 만들고 이를 존중할 수 있는 상황을 제도적으로 만들어야 합니다.

DCS(Disney Creativity Strategy)는 디즈니의 창립자 월트 디즈니의 생각법을 바탕으로 고안된 토론법입니다. 이는 3가지 관점에서 의견을 제시해 보는 것을 골자로 합니다. '몽상' 측면에서 창의적이고 자유로운 의견을, '현실' 측면에서 가능성을 따지는 의견을, '비판' 측면에서 문제점과 위험성 등의 약점과 함께 개선점을 제시합니다. 각자 맡은 3가지 역할에 따라 주어진 토론 주제에 대해 생각하고 모여서 각 관점에서 의견을 제시하고 합의하는 것입니다.

이처럼 토의토론에서는 다른 관점을 충분히 이야기하면서 합의안을 찾아가야 합니다. 이 과정에서 비판과 문제 제기가 이어지고 해결 방안도 논의합니다. 그래야 문제를 예측하고 대책을 준비할 수 있습니다. 문제를 대비하지 못하는 공동체가 제일 위험하죠.

사회문화적 변화 외에 개인도 다양한 의견을 내는 토의토론 기능을 학습해야 합니다. 정답이 아니더라도 내 의견을 제시해야 합니다. 이를 위해서는 누군가 이상한 의견을 내더라도 받아들이고, 그런 의견을 낸 사람을 이상하게 보지 않겠다는 태도가 전제되어야 하죠. 나아가 이유를 말할 기회도 줘야 합니다. 그리고 소수 의견도 배척하지 말고 포함하여 합의하는 방안을 찾아야 하죠.

학교에서 배운 토론에서는 논리적으로 말하고 상대방의 의견에 반박을 잘해야 한다고 배웁니다. 그래서 상대방과 합의하는 경우를 으히려 문제로 봅니다. 제대로 반박하지 못하거나 쉽게 합의하면, 토의토론을 잘하지 못한다는 겁니다.

더 나은 공동체를 위한 토의토론에서는 누가 이기고 지는 것이 아니라 모두에게 유익한 합의안을 만듭니다. 구성원이 경쟁하고 갈등하면서 이기려 드는 것이 아니라, 서로 의견이 다르더라도 공동체를 위한 좋은 결정을 목표로 삼아야 합니다. 토의토론은 성숙한 공동체 구성원인 시민이 하는 의무 행위이자, 성숙한 시민이 되기 위해 배워야 하는 덕목입니다.


## 토의토론을 위한 분위기는 어떻게 만들까?

토의토론을 하기 전에 구성원들 간에 집단 소속감을 맺는 것이 필요합니다. 경쟁을 위한 토의토론이 아니라 좋은 결정과 합의를 위한 것이라면, 토의토론을 하는 집단 구성원 간에 신뢰 형성이 중요하기 때문입니다.

일반적으로 많이 사용하는 방법은 '아이스브레이킹'입니다. 이름이나 취미 등 자기소개를 한 후, 간단한 의견을 제시하는 것입니다. 예를 들어 "만약 무인도에 가는데 물건 하나만 가져갈 수 있다면 무엇을 가져가겠는가?" 등 편안한 질문을 통해 의견을 나눕니다. 토의토론 모임에 대한 긴장감을 완화하면서, 서로 편한 상태에서 토의토론을 할 준비를 하는 것입니다.

여러분도 아이스브레이킹에 사용할 질문을 만들어보세요. 이때 질문은 누구나 편하게 이야기할 수 있으면서 유머러스하게 답변할 수 있는 것이 좋습니다. 앞에서 언급한, 처음 본 사람과 인간관계를 맺기 위한 질문을 활용해도 됩니다. 아니면 다음과 같은 질문을 추천하니 참고해서 만들어보세요.

— 요즘 본 영화나 드라마 중 추천하고 싶은 것은 무엇인가요?

— 하루 동안 투명 인간이 된다면 무엇을 하고 싶나요?

— 하루 동안 유명인과 바꿔 살 수 있다면 누구를 선택하고 싶나요?

— 당신이 원하면 누구든지 만날 수 있다면 누구를 만나고 싶나요?

— 최근에 가장 즐겁게 웃었던 일은 무엇인가요?

— 가장 맛있게 먹은 음식을 하나만 소개하면 무엇인가요?

— 내가 가장 좋아하는 단어를 하나만 소개한다면 무엇인가요?

토의토론 팀원들끼리 공통점 찾기도 할 수 있습니다. 토의토론 팀원이 여러 명이면, 2명씩 돌아가면서 짝을 지어 이야기하게 한 후 서로의 공통점을 살펴보는 것입니다.

이는 게임으로도 해볼 수 있습니다. 예를 들어 구성원별로 10가지 특성을 적게 하고, 구성원들과 가장 많은 공통점을 가진 사람을 찾는 식이죠. 이 경우에 "나는 아침잠이 많다" "나는 MBTI 중 E다" "내가 이용하는 은행은 A은행이다" 등 다양한 측면의 공통점을 적어서 우대감을 느끼게 합니다.

토의토론에서 안전한 분위기를 만들기 위한 규칙을 정해도 됩니다. 토의토론 과정에서 각자 원하는 방식을 말해 보는 것입니다. 예를 들어 "내가 말할 순간에 이야기할 것이 없으면 '패스'를 사용한다" "중요하거나 필요한 의견이 아니라도 타박하지 않는다" 등의 재미있는 규칙을 제시하고 같이 논의하여 정하는 것입니다.

사전 준비로서의 아이스브레이킹은 토의토론에 대한 공포심이나 두려움을 해소하고, 공동체 구성원 간의 토의토론이 안전한 활동임을 체험하게 합니다. 이런 과정이 반복되면, 집단에서 토의토론은 구성원 간의 경쟁이나 갈등을 유발하는 것이 아니라 공동체 문제 해결이라는 집단 목적을 위해 함께 하는 즐거운 경험이 될 것입니다.

# 토의토론 주제 설정 질문

> **Q 핵심 질문**
> 토의토론을 위한 질문은 어떻게 만들어야 할까?

## 토의와 토론은
## 어떻게 구분할까?

토의와 토론을 구별하지 않고 사용하는 경우가 많기도 하지만, 실제로 내가 참여하는 논의가 토의인지 토론인지를 정확하게 구분할 필요가 있습니다. 두 상황을 살펴볼까요?

### 상황 1

4명의 학생이 '건강한 가정환경을 만들기 위한 부모의 역할'에 대해 이야기를 나누고 있는 상황

A: 저는 부모님이 자녀의 말을 잘 들어주는 게 가장 중요하다고 생각해요. 요즘 아이들이 스트레스가 많잖아요.

B: 맞아요. 그런데 저는 규칙을 정해서 아이가 바르게 자랄 수 있도록 지도하는 것도 중요하다고 봐요.

C: 여러분 의견에 공감해요. 부모님이 함께 시간을 보내주는 것도 중요한 것 같아요. 요즘 맞벌이 가정은 자녀와 함께할 시간이 부족하잖아요.

D: 지금까지 이야기한 것을 종합하면, 부모의 역할은 자녀와의 소통, 훈육, 시간 보내기 이렇게 정리할 수 있겠네요. 그중에서도 소통이 기본이 될 수 있으니까, 우선순위를 그쪽으로 두는 게 어떨까요?

## 상황 2

'부모와 자녀가 수평적 의사소통하는 것이 필요한가?'에 대한 찬성과 반대 주장을 나누는 상황

A: 요즘 청소년이 경험하는 문제의 핵심 원인은 부모와의 소통 부족입니다. 따라서 자녀가 자신의 감정을 말할 수 있도록 수평적 의사소통을 잘하는 것이 필요합니다. 결국 부모가 권위적 태도를 버리고 자녀와 수평적 관계에서 소통을 잘해야 하며, 이를 통해 자녀는 부모로부터 존중받고 안전하게 성장할 수 있는 환경을 제공받는다고 인식할 수 있습니다.

B: 물론 자녀와 수평적 의사소통도 중요해요. 하지만 부모가 자녀와 제대로 소통하려면 먼저 생활 습관이나 사회생활에 필요한 규칙을 잘 가르쳐야 합니다. 이를 위해서는 부모가 권위적으로 규범과 질서를 존중하도록 지도해야 해요. 그래야 부모로서 자녀를 잘 보호할 수 있습니다. 수평적 관계에서

자녀를 존중하다가 아이들 버릇이 나빠질 수 있음을 생각해야 합니다.

A: 그렇게 생각할 수 있지만, 자녀에게 규칙만 너무 강조하면 아이들은 억압받는다고 느낄 수 있어요. 자녀와 민주적 소통을 하면서 자율성과 신뢰를 제공하면 자녀는 스스로 사회에서 어떻게 생활해야 하는지 깨닫고 잘 성장합니다. 이 점에서 수평적 관계에 기초한 민주적 소통이 더 중요합니다.

B: 민주주의 사회에서도 규범과 규칙이 있는 것처럼, 가족 내 소통을 위해서도 자녀에게 기초적인 생활 습관을 알려줘야 합니다. 부모가 생활 기준을 세우고 이를 바탕으로 어른으로서 자녀와 소통해야죠. 필요하다면 자녀의 잘못된 행동을 지도하고 필요한 경우에 야단도 치면서 자녀를 훈육하고 가르쳐야 합니다. 그것은 강제가 아니라 부모로서 사랑의 행위입니다.


〈상황 1〉과 〈상황 2〉는 유사한 주제를 논의하고 있지만 논의 방법과 내용 면에서 차이가 납니다. 일반적으로 〈상황 1〉을 토의라고 하고, 〈상황 2〉를 토론이라고 합니다.

토의에서는 구성원들이 다양한 의견을 제시하여 문제 해결과 합의를 강조합니다. 의견을 모아가는 과정을 강조하기에 논의하는 구성원들의 협력적인 관계를 중요하게 여기죠. 즉, 토의 과정에서는 자유로운 의견 제시를 강조하고 의견의 대립이나 충돌보다는 조정을 통해서 합의하려 합니다.

반면 토론에서는 일반적으로 대립 의견을 제시한 뒤 자기 주장을 논증하고 상대 논증을 반박하는 과정을 통해 주장의 타당성을 따집니다. 이에 따라 토론 과정에서는 대체로 대립과 갈등이 나타납니다. 특히 토론에서는 하나의 주장을 일관되게 유지하면서 자신의 의견으로 결론 나야 이겼다고 보는 경향이 있어서 합의가 쉽지 않습니다.

그런데 최근에는 토론에서도 대립이나 갈등보다는 협력과 합의를 위한 과정을 강조하는 경우가 있습니다. 대표적인 것이 숙의형 토론입니다. 숙의형 토론에서는 모두가 토론 자료를 검토하면서 연구하고, 이를 바탕으로 토론자들이 하나의 주장이나 입장만 취하는 것이 아니라 양쪽의 입장을 자신의 주장처럼 삼아 의견을 경험하거나 제시해 보는 절차를 밟습니다. 이는 각자 한 가지 입장만 주장해서 합의가 어려운 기존의 토론과는 달리, 구성원들 간에 더 나은 의견으로 합의할 수 있는 방법입니다.

토의와 토론은 논의 구조가 다르기에 주제도 다르게 만들어야 합니다. 일반적으로 토의와 토론 주제를 질문 형태로 구성하면 논의에 참여하는 사람들이 무엇을 논의해야 할지 초점을 정확하게 맞출 수 있습니다. 어떻게 질문 형태로 구성해야 하는지 살펴봅시다.

## 토의 주제를 위한 질문은 어떻게 구성해야 할까?

토의를 위한 주제는 공동의 결론 도출이나 협력적 문제 해결이 가능하도록 질문 형태로 구성하는 것이 좋습니다.

주제별로 예를 살펴봅시다.

— 학교 생활

우리 학교의 급식을 개선하려면 어떤 것을 바꾸어야 할까?

— 가정과 부모 역할

가정에서 부모와 자녀가 더 잘 소통하기 위해 어떻게 노력해야 할까?

— 환경과 실천

일상에서 개인들이 쉽게 실천할 수 있는 효과적인 환경보호 방안은 무엇일까?

— 인터넷과 스마트 폰 사용

청소년이 스마트폰 사용을 적절히 관리하게 하려면 어떤 교육을 해야 할까?

— 교우 관계

사춘기 친구 간에 갈등이 생겼을 때 해결을 위해 무엇을 하도록 할까?

— 진로 탐색

고등학교 1학년 학생들이 자신에게 맞는 진로를 찾도록 하려면 어떤 프로그램을 제공해야 할까?

— 학교 규칙과 자율성

우리 학교의 규칙을 학생의 자율성을 증대하는 방향으로 바꾸려면 어떤 내용을 강조해야 할까?

— 시간 관리

개인적인 시간을 효율적으로 관리하기 위한 여가 활용 방법은 무엇일까?

— 독서와 여가 활용

학생들이 독서에 더 관심을 가질 수 있는 효과적인 방안은 무엇일까?

— 사회 참여와 책임

청소년이 지역사회에 기여하도록 하는 지원 방안은 무엇일까?

앞에 제시한 10가지 주제의 질문은 구성원들이 모여서 논의하여 해결 방안을 찾는 것에 초점을 두고 있습니다. 여러분들도 다른 주제를 정해서 토의를 위한 질문을 만들어보세요.

## 토론 주제를 위한 질문은
## 어떻게 구성해야 할까?

토론을 위한 주제는 양측 모두가 의견을 제시할 수 있어야 합니다. 그래서 명제 형태로 제시하기도 하지만, 질문 형태로 제시할 수 있습니다. 토의 주제와 같은 영역이어도 토론을 위해 다른 질문을 구성할 수 있습니다.

— 학교 생활

　학교 급식에서 채식주의자를 위한 급식을 따로 준비해야 할까?

— 가정과 부모 역할

　부모와 자녀의 관계에서는 훈육보다 민주적 의사소통이 더 중요할까?

— 환경과 실천

　학교에서 일회용품 사용을 줄이기 위해 텀블러 사용을 의무화해야 할까?

— 인터넷과 스마트폰 사용

　학교에서 학생들의 스마트폰 사용을 제한해야 할까?

— 교우 관계

학교 친구 간의 갈등이 있는 경우 어른의 간섭 없이 스스로 해결하도록 해야

할까?

— 진로 탐색

청소년기에 구체적인 진로를 결정해야 할까?

— 학교 규칙과 자율성

학교 규칙에 학생 자율성을 위해 생활복 규정을 삭제해야 하는가?

— 시간 관리

학생의 등교 시간을 9시로 늦추어야 하는가?

— 독서와 여가 활용

학교에서 학생들이 의무적으로 읽어야 할 책을 지정해야 하는가?

— 사회 참여와 책임

청소년이 지역사회 봉사 활동을 의무로 참여해야 하는가?


이처럼 토의와 토론은 다릅니다. 자신이 참여하는 대화가 토의인지 토론인지 구별하여 적절한 태도를 취하는 것이 필요합니다.

# 독서 토의토론 질문

> **🔍 핵심 질문**
> 책을 읽은 후에 어떻게 토의토론해야 할까?

## 독서 기반의 토의토론은
## 어떤 장점이 있을까?

인도의 마하트마 간디는 당시 인도를 식민 지배하던 영국에 비폭력 저항과 시민 불복종하여 인도의 독립을 이끈 위대한 인물이죠. 그가 이런 삶의 자세를 갖게 된 데는 독서토론이 영향을 미쳤습니다.

간디가 영국에서 유학하던 젊은 시절에 친구들과 함께 존 러스킨의 『나중에 온 이 사람에게도』를 읽고 깊이 있는 토론을 합니다. 독서와 토론 후에 그는 물질적인 성공보다는 공동선을 위한 삶을 선택하고, 노동의 존엄성을 받아들이며, 윤리적인 경제관을 실천합니다. 이는 비폭력 저항운동으로 연결되지요.

　간디만이 아닙니다. 많은 인물이 자신의 삶을 바꾼 책을 소개합니다. 전 미국 대통령 버락 오바마도 대학 시절에 문학과 철학에 관한 책을 읽고 동료들과 토론하면서 자신의 정체성과 인종 문제, 정치에 관심을 가졌습니다. 그는 독서토론을 중시했기에 대통령이 된 후에도 백악관에서 관련 행사를 했습니다. 대표적으로 2015년 3월, 부활절 행사에서 오바마 대통령은 백악관에 아이들을 초대하여 모리스 샌닥의 그림책『괴물들이 사는 나라』를 함께 읽고 토론했습니다.

　독서 기반의 토의토론은 책에 대한 흥미를 길러줍니다. 책을 매개로 다른 사람과 대화하면 이야깃거리가 풍부해지고 같은 내용에 대해 다른 관점을 접할 수 있어서 책 자체에 흥미를 갖도록 돕죠. 또한 무엇인가를 오래 기억하는 좋은 방법은 그 내용에 대해 의미 있고 깊이 있는 대화를 나누는 것인데, 독서토론이 그렇습니다.

　또한 독서 토론을 통해 비판적 사고력을 기를 수 있습니다. 자기 의견을 내려면 책 내용을 세밀히 분석해야 하며, 다른 사람이 제기하는 관련 질문과 의견을 통해 책을 새롭게 보는 경험까지 하기에 비판적 사고가 가능합니다. 독서 자체도 사고력을 길러주지만, 독서 토론은 새로운 관점이나 의견을 접할 수 있어서 더 깊은 사고력을 길러줍니다.

　다른 사람과 의사소통하는 방법도 익힐 수 있습니다. 책의 내용을 정리하여 말하는 방법, 나의 감정을 표현하는 방법, 다른 의견을 주고받는 방법도 배웁니다. 더 나아가 그런 과정을 통해 공동체적 배움과 집단지성을 형성하는 방법도 익힐 수 있습니다.

# 독서 토의토론 책을
# 선정할 때 유의할 점은?

유대인의 전통 토론 방법인 하브루타는 『탈무드』에 기반한 토론법입니다. 유대인은 70년경에 어쩔 수 없이 삶의 터전을 떠나 다른 지역으로 흩어지면서, 종교 지도자 없이도 종교 공동체로서 정체성을 유지해야 했습니다. 이를 위해 경전의 내용을 삶에 적용하는 방법을 익히고자 토론을 했는데 그것이 이어져 하브루타 토론이 되었습니다.

하브루타 토론에서는 과거에 작성된 경전을 현재의 삶에 적용하는 방안을 찾습니다. 종교 지도자의 가르침을 그대로 받아서 수용하는 것이 아니라, 『탈무드』를 기반으로 누구나 질문하고 해석하면서 삶의 진리를 찾아가는 것입니다. 그러다 보니 토론에서는 평등한 지적 대화를 지향하면서 민주적으로 의사결정을 하고, 이를 바탕으로 전통을 지키고 공동체를 유지합니다.

하브루타 토론을 보면 토론 자체도 중요하지만, 독서의 대상이 되는 책을 잘 선정하는 것이 중요합니다. 어떤 책을 선정하느냐에 따라 토론에 참여하는 사람의 흥미와 깊이가 결정되기 때문입니다. 책을 선정할 때 어떤 점을 고려해야 할까요?

먼저, 독자 수준을 고려해야 합니다. 일반적으로 독서토론 참여자의 인지 발달이나 문자 이해 정도를 고려합니다. 연령 제한이나 책의 분량도 적절한지 판단해야죠.

이를 위해서는 다음과 같은 질문을 할 수 있습니다.

— 참가자의 연령이나 관심사에 적합한 책인가?

— 책의 분량이 참가자의 일상을 고려할 때 적정한가?

— 참가자가 문제의식을 가질 만한 주제인가?


책의 주제나 내용에 대해서도 고려해야 합니다. 우선 독자가 관심을 가진 주제인지 살펴야 합니다. 독서 토론을 할 만큼 작품성이 있는지도 보아야 하죠. 더불어 주제나 내용이 특정 집단이나 종교 등에 대한 편견이나 혐오 등 사회적으로 문제가 되지는 않는지 파악해야 합니다. 사회적으로 민감한 주제여서 독서토론 과정에서 문제가 발생할 소지가 없는지도 확인해야 하고요.

— 토의토론할 만한 주제가 담겨 있는가?

— 책으로 토론하는 경우에 특정 집단에 대한 사회적 편견이나 혐오를 키울 가능성이 있는가? 이를 극복하면서 대화할 수 있는가?

— 책 자체가 문학적으로나 사회적으로 가치나 의미 있는가?


나아가, 독서 토론이 가능한 책인지도 확인해야 합니다. 토론을 위해서는 책 내용에 다양한 해석이 가능한지, 다양한 시각으로 볼 수 있는지, 비판적 사고를 위한 주제나 내용을 담고 있는지를 확인해야 합니다. 사회적 이슈나 주제와 관련하여 다룰 수 있는지도 보아야 합니다. 독서 토론에 참여자가 다양하다면 보편적으로 사람들이 공감할 수 있는지 확인해야 합니다.

— 단순한 정보 요약이 아니라 분석이나 해석이 가능한 내용인가?

— 특정 이념이나 가치관만을 강요하는 것은 아닌가?

— 책에서 강조하는 것에서 실천적인 방안을 모색할 수 있는가?

— 현실의 사회문제와 연결되어 논의할 주제를 담고 있는가?

— 보편적으로 이야기할 만한 내용이 반영되어 있는가?


## 독서 토의토론을 위해
## 내용을 정리하는 방법은?


독서 토론의 기본은 책의 내용을 잘 이해하는 것입니다. 다만 독서 토론에 참여하는 모든 사람이 그 책을 다 읽었다는 점에서 어떤 내용을 어떻게 정리할지 고민할 필요가 있습니다. 어떻게 해야 할까요?

먼저 책의 기본 정보를 정리합니다. 책 제목과 저자, 출판사, 출판연도, 독서 기간 등이죠. 다음으로 책의 중요 내용을 정리합니다. 문학이라면 사건 위주로, 철학 등을 논증하는 책은 저자의 논증 과정이나 주장 위주로, 기행문 등은 소개하는 내용과 감동, 관점 등을 정리할 수 있습니다. 책의 중요 내용을 정리하면서 인상 깊은 문장이나 구절을 함께 기록하는 것도 좋습니다. 그리고 독서하면서 느낀 감동이나 책의 강점도 정리합니다.

그다음에는 독서 토론을 위해 메타적 이해나 해석 사항을 정리합니다. 기본 정보나 중요 이해 등을 바탕으로 책에 대해 느낀 자신의 의견이나 관점을 생각해 보는 것입니다. 이는 감동받은 부분을 되짚어보는 것과는 다릅니다. 저자의 관점이나 자신의 경험 및 지향하는 가치에 기반하여, 비판해도 되고 동의해도 됩니다. 이 책 전반을 통해 나에게 영향을 준 부분이나 나의 관점이 변화된 사항 등도 써보면 좋습니다.

이렇게 독서에 따른 분석과 해석을 정리했다면 이제는 토론에서 제시할 의견을 정리하고 질문할 내용도 확인합니다. 독서를 바탕으로 토론하는 것이기에 내가 이해한 것을 다른 사람은 어떻게 이해했는지 확인해야 합니다. 이를 위한 질문은 다음과 같은 부분에 초점을 두고 해보면 좋습니다.

먼저, 독서하면서 이해하지 못한 부분이 있으면 그 내용을 이해한 사람들이 있는지 확인해 보는 질문을 할 수 있습니다. 예를 들어 "이 부분의 핵심 내용을 저는 이렇게 이해했는데 다르게 이해한 사람이 있는지요? 그렇게 생각한 근거는 무엇인가요?"등의 질문을 적어보는 것입니다. 이외에 다음과 같은 질문도 가능합니다.

— 이 책의 주요 주장은 무엇일까요?

— 이 책에서 새롭게 알게 된 것은 무엇인가요?

— 저자는 어떤 관점(철학)을 가지고 있을까요?

— 가장 공감되는 부분은 무엇인가요? 반면에 불편한 부분은 무엇인가요?

— 책에 등장하는 주인공(사건)의 어떤 부분이 제일 와닿았나요?

— 주인공이 직면한 문제는 무엇인가요?

책의 구조나 사건을 분석하고 해석하는 질문도 가능합니다. 더 나아가 자신의 삶이나 사회적으로 적용할 부분에 관한 질문도 할 수 있고요.

　— 이 장면의 내용은 어떤 의미를 담고 있을까요?

　— 저자가 이 사건(장면)을 넣은 이유가 무엇일까요?

　— 내가 주인공이었다면 어떤 선택을 했을까요?

　— 현재 우리 삶에 주는 시사점은 무엇일까요?

또한 책에 드러나지 않는 의미나 이유에 관한 질문도 정리합니다. 주인공이 어떤 선택을 한 의미가 무엇인지, 나라면 그의 선택에 동의하는지 등 다음과 같은 질문이 가능합니다.

　— 이 제목은 어떤 의미를 담고 있을까요?

　— 이 책의 결말(주장)에 동의하나요?

　— 조금 색다르게 바라본 점이 있나요?

　— 여기서 제시한 결정이나 선택은 정당한가요?

　— 여기서 강조하는 가치는 현재에도 유용한가요?

책에 담긴 다양한 상징이나 은유, 비유에 대해서 어떻게 해석할 것인지도 질문할 수 있습니다. 이 경우에는 내가 생각한 의미와 그렇게 해석한 이유를 제시하면서 다른 사람들은 어떻게 해석했는지 질문해 봅니다.

— 작가는 어떤 메시지를 주려고 하나요?

— 책 내용을 우리 사회와 연관시켜 이해하면 어떻게 바라보아야 할까요?

— 책 내용 중 우리 삶에 구체적으로 적용해 볼 부분이 있을까요?

— 만약 비슷한 책을 저술한다면 어떤 내용을 담고 싶나요?


책 전반에 걸친 성찰적 질문도 해볼 수 있습니다. 책 자체에 함몰되지 않고 확장적 질문을 할 수 있습니다.


— 이 토론을 통해 얻은 삶의 지혜가 있나요?

— 토론을 읽기 전과 읽은 후에 달라진 부분이 있나요?

— 이 책을 지인에게 소개할 때 어떤 의미를 강조하고 싶은가요?


## 독서 토의토론은
## 어떻게 진행해야 할까요?


독서 토의는 독서 후 바로 간단히 할 수 있습니다. 심도 깊은 토론이 아니더라도 책 내용 중에서 감동했거나 기억에 남는 구절이 무엇이고 왜 그렇게 생각했는지 얘기해 보는 것이죠. 그 후 서로 공통점과 차이점을 정리하면 됩니다. 책을 읽으면서 궁금한 것이나 적용 방안 등에 대해 가볍게 이야기 나누고 소감을 정리하는 정도여도 됩니다.

반면 토론을 할 때는 토론 주제를 정하는 것이 좋습니다. 주로 소설

등 주인공의 행동을 바탕으로 찬반토론을 합니다. 예를 들어 손원평 작가의 소설인 『아몬드』는 "인간이 감정을 가지는 것은 행운일까?" "감정을 느끼지 못하는 사람도 도덕적일 수 있을까?" "상대의 어떤 특성과도 상관없이 사랑할 수 있을까?" 등의 주제로 찬반 토론할 수 있죠.

또한 하브루타 토론을 적용해도 됩니다. 하브루타 토론에서는 먼저 책을 읽은 후, 책의 내용을 바탕으로 짝을 지어 토의토론할 질문을 만들어봅니다. 하브루타 토론에서는 질문 자체가 중요하기에 책과 연계하여 일상에서 나의 실천과 관련된 다양한 질문을 만듭니다.

그 후 질문에 대하여 짝을 지어 1:1로 질문하고 답하면서 의견을 나눕니다. 이 과정에서 추가 질문하거나 보완 또는 반박하는 것이 가능해야 합니다. 토론 후에는 서로 같은 점과 다른 점을 비교하면서 생각을 정리합니다. 이외에도 다양한 독서토론 방법을 적용해 보세요.

# 주장하고 설득하는 질문



## 우리가 생각하는
## 이상적인 토론과 토론자의 모습

우리에게 익숙한 토론은 TV 프로그램 〈100분 토론〉의 전문가 토론이나, 대통령 선거 후보자들의 TV 토론입니다. 그러다 보니 이런 토론이 이상적인 토론이고 그중에서 토론을 잘한 사람이 좋은 토론자라고 생각합니다.

이런 토론의 참여자는 토론 주제에 대해 매우 상세하게 알고 있습니다. 대부분의 TV 토론 프로그램에서는 해당 분야의 전문가를 섭외하기 때문이죠. 특히 대통령 후보자는 토론 주제에 대해 전문성을 가진 사람으로 보여야 하기에, 미리 토론 주제에 대해 깊이 공부합니다. 자신의 주장도 잘하지만, 상대의 의견을 그대로 수용하지 않고 관련 자료를 근거로 문제점을 정확하게 비판하면서 논증을 이어갑니다.

또한 이들은 TV라는 매체를 통해 사람들에게 자신의 의견이 더 낫다는 것을 증명해야 하기에 토론하는 과정도 중요하게 여기고 트론 태도에 매우 신경을 씁니다. 논리적인 언어를 사용하며, 상대방이 실수하거나 잘못하더라도 예의를 차려 비판하려고 합니다. 표정 관리도 하고, 공격을 받아도 웃으면서 넘기죠.

그러다 보니 TV에서 보는 토론자는 지적인 유능함과 타인에 능숙하고 유려하게 대응하는 태도를 가진 사람입니다. 예의를 갖추어 말하고, 사실 근거를 바탕으로 주장하며, 상대방이 논리적으로 반박하면 수용하고, 모욕적인 표현이나 상대방을 비방하는 표현은 사용하지 않습니다.

한편 우리는 나와 같은 의견을 가진 토론자들이 상대방보다 우월한 논리로 토론 전체를 장악하여 이기길 기대합니다. 그러므로 현란한 전문 용어와 일반 용어를 섞어서 사용하면서 지적 우월감을 보이기도 하고, 상대방을 공격하고 비판하면서도 우아한 태도를 유지해야 한다고 생각합니다. 이상적 토론이나 토론자에 대한 이러한 인식이나 기대는 일상적 토론에 어떤 영향을 줄까요?

## 실제 우리가 하는
## 토론의 모습

우리가 기대하는 이상적 토론은 올림픽 대회에 나간 국가대표의 경기와 흡사합니다. 그러나 우리는 토론계의 국가대표가 아닙니다. 국가대표와 평범한 우리를 비교할 필요가 있을까요?

이상적 토론과 토론자를 생각하면 일상 토론에 임하는 우리에게 몇 가지 부작용이 생깁니다. 첫째, 상대방을 논리적인 설득이 가능한 존재라고 생각합니다. 둘째, 토론은 경쟁이며 이기기 위한 논리적 싸움의 과정이라고 생각합니다. 셋째, 일상에서 평범한 사람이 토론하는 것을 매우 어려운 일처럼 여깁니다.

반면, 일상에서 토론하는 토론자와 상대방은 모두 지적인 유능함을 갖춘 사람들이 아니라 일상에 주어진 일을 하느라 바쁜 사람들입니다. 논리적인 논증보다는 자신의 이해관계에 따라 감정을 드러내는 것이 당연한 평범한 사람들이죠.

실제로 일상에서 간단한 주제를 놓고 토론해 보면, 나와 상대방 모두 논리적이기보다는 해당 주제에 관한 사실 자료조차 정확히 이해하지 못한 경우가 태반입니다. 상대방의 주장이 옳은 경우에는 상대의 논리를 수용하여 토론을 빨리 끝내고 싶어 하는 경우도 많습니다. 상대방의 주장을 논리적으로 비판하는 것은 너무 어려운 일이다 보니 자기 주장만 반복하기도 합니다.

또, 내가 논리적으로 주장하면 상대방은 내 주장 자체를 이해하지 못해 분노를 드러내거나 피해의식을 보이기도 합니다. 토론의 과정에서 필요한 지적인 의심은 대체로 나타나지 않습니다. 그러니 실제로 토론하는 상대방은 지적 유능함을 가진 논리적인 사람이 아니라 감정 조정에 어려움을 가진 일상적 사람이라는 점을 고려해야 합니다. 그리고 나 또한 그런 사람임을 인정해야 하고요.

이런 대상에게 논증은 아무런 영향력이 없습니다. 좋은 토론을 위해서는 토론하는 상대방이 토론과 관련하여 어떤 상태인지를 파악해야 합니다. 자신에 대해서도 파악해야 하고요. 이를 위한 질문을 해봅시다.

— 토론 참여자는 어떤 것에 관심이나 이해관계가 있는가?
— 토론 참여자는 논리적 설득에 관심을 가진 사람인가?
— 토론 참여자는 논리적 설득을 할 능력이 있는 사람인가?
— 토론 참여자는 어떤 방식의 대화를 중요하게 여기는가?
— 토론 참여자는 토론 주제에 관한 정보나 자료를 어느 정도 알고 있는가?
— 토론 참여자는 토론 경험이 어느 정도인가?

## 토론 자료를
## 준비하는 법

일상에서 토론하는 우리 대부분은 능숙한 토론자가 아니며 지적 유능함을 가진 이가 아니므로, 토론을 위해서는 사전에 준비가 필요합니다. 그렇다면 어떤 것을 어떻게 준비해야 할까요?

예를 들어 한 집안에서 여러 가족 구성원이 모여서 같이 김장한 후 분배 방법을 토론하는 상황을 상상해 봅시다. 김장 분배 방법에 대해 6명이 각자 상황에 따라 다양하게 주장합니다.

A: 오늘 참석하여 일한 사람 수대로 나누는 것이 좋겠습니다.

B: 오늘 참여하여 각자 김장을 한 분량만큼 가져가는 것이 좋겠습니다.

C: 오늘 참여하여 각자 일한 시간을 고려하여 나누는 것이 좋겠습니다.

D: 가족별로 김장이 필요한 정도를 말하면 그것을 모두 합하여 필요한 비율대로 나누는 것이 좋겠습니다.

E: 김장 참석 여부와 상관없이, 가족별 구성원 수만큼 나누는 것이 좋겠습니다.

F: 김장 참석 여부나 가족 수와 상관없이, 가족별로 양을 똑같이 가져가는 것이 좋겠습니다.

A~C는 업적에 따라서 나누자고 하지만 개인마다 업적을 평가하는 방법은 다릅니다. D는 필요를 고려하여 나누는 방법을 제안합니다. E~F는 평등하게 나누자고 하지만 각자 평등의 기준이 다릅니다.

위의 주장에 대해 여러분은 어느 것이 옳고 그르다고 생각하나요? 각자의 관점에 따라 다를 것입니다. 또 다른 기준이나 관점을 제시할 수도 있습니다. 그래서 토론에서는 자신이 할 주장만이 아니라 상대가 할 주장에 대해서도 깊이 파악해야 합니다. 더 나아가 내 주장의 장점과 문제점, 상대방 주장의 장점과 문제점을 알아야 하죠.

토론을 위한 자료 정리에서는 토론에서 각자가 주장할 다양한 경우의 수를 생각하여 장점과 문제점을 고려해야 합니다. 토론에서 찬성과 반대를 제시하는 경우는 자료 만들기가 쉽습니다. 이 경우에는 찬성 주장의 근거와 비판점, 반대 주장의 근거와 비판점을 공부하고 정리하고, 자신의 주장에서 무엇을 강조할지, 상대의 주장에 강력하게 비판할 부분은 무엇인지 등에 초점을 두어 정리하면 됩니다.

문제는 김장 분배 방법에 대한 토론에서처럼 제시할 수 있는 즈장이 다양한 경우입니다. TV 토론처럼 이상적인 토론과 달리, 토론인데 토의처럼 여러 주장이 나오는 경우는 자료를 만들기 어렵죠. 이 경우에는 주장별로 토론 자료를 만들기보다는 다른 전략을 사용하는 것이 좋습니다. 나온 주장을 보고, 어떤 자료를 공부할 것인지 정하는 것입니다. 이것이 가능한 이유는 우리의 일상 토론은 경쟁이 아니라 좋은 결정을 내리는 것이 목표이기 때문이죠.

김장 분배 방법을 논의했듯, 사람들에게 각자 주장을 밝히게 합니다. 그 후에 토론에서 나온 주장과 관련하여 자료를 공부하게 하여 정리하는 것입니다. 유사한 주장을 한 사람들끼리 팀을 이루어 공부해도 됩니다. 실제 토론을 위한 대화 대신에 공부를 하는 것입니다. 토론에 필요한 인간형인 '지적인 유능함을 갖춘 사람'이 되는 것이죠.

토론 주장별로 관련 정보를 검색하여 사실 자료와 근거들을 파악하고 출처도 정리합니다. 더불어 내 주장의 단점과 그에 대한 대안, 또는 단점에도 불구하고 내 주장대로 해야 하는 이유 등을 정리합니다. 나아가 상대방 주장에서 사용할 근거가 되는 정보나 관점의 의미도 찾아보아야 합니다. 그러한 정보나 의견의 문제점이 무엇인지를 파악해 두는 것이죠.

자료 정리 과정에서 토론자로서 스스로 성찰하는 질문을 정리하면 다음과 같습니다.

- 주장별로 사실 자료와 가치 사실 자료를 파악하였는가?
- 주장에 관한 장점과 문제점을 충분히 파악하였는가?
- 주장별 적합한 논거를 위한 자료는 무엇인가?
- 주장별 사용할 자료의 출처는 신뢰할 만한가?
- 주장별로 충분히 정당화할 만한 근거를 정리하였는가?
- 논증의 근거나 주장은 보통 사람이 인정할 만한 용어를 사용하고 있는가?
- 근거가 적절하고 객관적이면서 합리적인가?
- 의견에 독창적인 주장이 들어 있는가?
- 상대방이 수용할 만한 주장이나 논증인가?
- 상대방이 이해할 만한 언어이고 내용 수준도 적절한가?
- 상대방이 어려워할 만한 내용은 없는가?
- 상대방이 수용하기 어려운 부분은 무엇인가?


토론 과정에서 지켜야 할 태도를 고려한 토론 규칙 및 절차와 시간 등을 정합니다. 이를 통해 토론에 필요한 감정적 통제가 가능한 환경을 만드는 것입니다. 일상의 토론에서는 바로 주장하고 상대방과 논박하면서 설득하기보다 토론할 수 있는 사람으로 훈련하는 것이 필요합니다.

## 토론에서
## 질문해야 하는 이유는?

학교 수업, 직장, 가정 등 일상에서의 토론은 상대방을 이기고 우승 트로피를 받기 위해서 하는 것이 아닙니다. 내가 속한 집단이 가진 고민이나 문제에 대해 더 나은 해결을 위해 공동체의 시민으로서 참여하여 논의하는 과정입니다. 그래서 토론도 토의처럼 내 주장이 옳음을 제시하기보다는 좋은 의견을 모으는 과정이라고 생각해야 합니다.

이를 위해서는 토론에 임하는 모든 사람이 자신이 강조하는 가치나 이해관계를 가지고 있어서 상대방의 주장에 대하여 '감정적 주저함'을 가졌음을 인정해야 합니다. 토론 전문가로서 토론 전략이 아니라 일상 시민의 전략을 가져야 하는 것이죠. 일상 시민의 토론 전략은 강한 주장이 아니라 다양한 질문을 활용하면서 상대방 의견의 장점이나 문제를 같이 찾는 것입니다. 상대방도 역시 그렇게 해야 하고요.

자신의 가치에 따라 어떤 주장을 하는 사람은 상대의 주장이 아무리 논리적이고 논증 과정이 명확하더라도 받아들이지 않는 경우가 많습니다. 이 경우에는 스스로 자신의 주장이 문제임을 깨닫도록 해야 합니다. 우선 논리적 허점이나 불명확한 부분을 반박하는 질문을 부드럽게 해보는 것이 좋습니다.

예를 들어 "그 정책이 효과적이라고 하시는데, 어떤 근거로 그렇게 생각하셨는지 조금 구체적으로 이야기해 주세요"라거나 "주장하신 내용은 이런 측면에서 보면 이런 양상이 드러날 수 있는데 그 부분에 대해서는 어떻게 설명할 수 있을까요?”라고 질문해 보는 것입니다.

토론에서 강하게 주장만 하기보다는 필요할 때 적절하게 질문하면 상대방의 방어적 태도가 줄어듭니다. 예를 들어 “당신의 주장은 이러저러해서 문제가 있습니다”라는 표현보다는 “그렇게 생각하는 이유가 무엇인가요?”와 같은 질문을 던져보는 것입니다.

또한 토론 과정에서 질문하는 것은 상대방의 의견을 듣고 싶다는 열린 태도를 보여주는 역할도 합니다. 그러면 상대방도 자신의 기존 의견을 성찰하여 수정할 기회를 가질 수 있습니다. 이를 위해서는 “제가 볼 때 이런저런 문제가 있는데, 당신이라는 이를 어떻게 해결하려고 하십니까?”라거나 “그런 주장에 대한 이러저러한 일반적인 문제 제기나 평가에 대한 의견이 있으신지요?” 등과 같이 상대방이 스스로 의견을 제시하도록 질문을 활용할 수 있습니다.

따라서 일상 토론에서는 논리적이고 이성적으로 논증하는 것도 중요하지만, 상대방의 주장에 대해 열린 마음을 가지고 공감하면서 서로가 합리적인 대화 상대라고 느끼게 해야 합니다. 우리는 이상적인 토론자는 아니지만, 연습을 통해 더 좋은 토론가로 성장할 수 있습니다.

# 숙의를 위한 질문

> ### 🔍 핵심 질문
> 토의토론에서 숙의는 왜 중요한가?

## 토의토론에서
## 숙의 과정이 왜 필요할까?

아이히만의 이야기에 등장했던 한나 아렌트를 기억하나요? 아렌트는 인간의 활동을 노동, 작업, 행위로 구분했습니다. '노동'은 생경 유지, 즉 먹고살기 위해 행하는 반복적인 일에 해당합니다. '작업'은 인공적인 결과물을 만드는 일을 통해 자신의 세계를 구축하는 활동입니다. 마지막으로 '행위'는 공동체에 속한 인간이 공공의 장에서 공동의 문제에 대해 자신의 의견을 이야기하고 함께 논의하면서 자유를 실현하고 자신의 정체성을 표현하며 결정하고 실천하는 과정입니다. 이렇게 보면 '노동'과 '작업'은 개인적 활동이지만, '행위'는 공적 활동입니다.

'행위'를 설명하면서 아렌트가 제시한 것이 오케스트라 비유입니다. 그는 시민의 토의토론이 "다양한 정체성을 가진 사람들이 상호작용하며 조화로운 공존을 만드는 과정"이라고 설명했습니다. 오케스트라는 매우 다양한 소리를 내는 악기들이 모여서 하나의 곡을 연주합니다. 각자 다른 소리를 내는 악기들이 모여서 하나의 곡을 연주하는 오케스트라가 되기 위해서는 지휘자의 지휘와 악보가 중요합니다. 오케스트라를 구성하는 다양한 악기 연주자들은 지휘자의 지휘대로 다른 악기의 연주 소리와 시기를 감안하여 소리의 강약을 조정합니다.

아렌트는 우리가 공적 공간에서 다양한 사람들과 의견을 조정하면서 결정을 해가는 과정인 '행위'가 오케스트라 연주 과정과 같다고 봅니다. 오케스트라 연주처럼, 토의토론 과정에서 사람들은 하나의 주제에 대한 주장을 제시하는 사람들입니다. 오케스트라가 되기 위해서는 개인의 주장만이 아니라 다양한 의견을 가진 사람들과 공감대를 도출하는 것이 중요합니다. 즉, 토의토론에서 자신의 주장만이 아니라 공적 결정을 위해 서로의 소리를 조정하는 과정이 필요합니다. 바로 이 과정이 숙의입니다.

그런데 숙의는 하나의 안을 선택하는 최종 결정이 목적이라기보다는 존재하는 여러 주장을 제시하면서 공동체 구성원의 다원성이 드러나는 과정입니다. 숙의 과정을 진행하더라도 조화로운 오케스트라 연주처럼 하나의 결정에 이르지 못하고 불협화음처럼 끝날 수도 있습니다.

역설적으로 토의토론의 숙의 과정에서는 의견의 합치보다 불일치 경험이 더 필요합니다. 합의를 강요하지 않고 각자의 의견을 존중하는 경험이 중요하기 때문입니다. 숙의 과정에서 공동체 구성원들은 자신의 소리가 인정받는 경험, 다른 의견을 가진 사람들과 같이 살아갈 수 있다는 믿음을 가지게 됩니다. 다른 의견을 가지고 살면서도 하나의 공동체를 유지한다는 것은 정치적 동물, 사회적 동물로서 매우 근사한 경험입니다.


## 숙의는 다수결이나 협상과는 어떻게 다를까?


집단에서 무언가를 정하는 경우, 전통적으로 '다수결'이나 '협상'을 주로 사용했습니다. 이는 숙의와는 차이가 있습니다. 어떤 차이가 있을까요?

다수결부터 살펴봅시다. 사람들은 다수결이 민주적인 결정 방법이라고 말합니다. 일반적으로 정치적 결정이나 선거에서 많이 사용하니 그렇게 생각할 수 있죠. 다수결에서는 모든 구성원이 표를 행사하고 그 결과에 따르는 명확한 절차가 있기에 절차적 정당성을 가지는 공정한 과정으로 여겨집니다.

그런데 냉정하게 말하면, 다수결은 어떤 의논 주제에 대해 어떤 의견을 주장하는 사람의 비율은 얼마이고 또 다른 의견을 갖는 사람의 비율은 얼마인지를 구분하는 과정입니다. 그 주제를 깊이 있게 살펴보기보다는 그 주제에 대한 자신의 주장을 결정하는 것이 더 중요하지요. 자신의 결정이 정해졌으면 그것을 표시하고요.

그 결과로 다수가 지지하는 결정안이 바로 나오기 때문에 빠르게 결정이 이루어집니다. 효율적이죠. 문제는 다수결에서는 집단 내의 다른 목소리에 대한 조율을 하지 않고 어떤 판단이 더 많고 적은지만 보기에, 결정 후에 갈등이 나타날 가능성이 높다는 점입니다. 더구나 소수 의견을 존중하자고 하지만, 사실 다수결에서는 소수 의견을 존중할 방법이 없습니다. 그러나 예전부터 사용해 왔고 공정해 보이고 효율적이기 때문에 다수결에 따른 결정이 문제라고 생각하는 사람들이 적은 편입니다. 대체로 민주주의에서 다수결로 결정되면 그것이 옳다고 생각하고, 해당 결정을 따르지 않으면 문제라고 봅니다. 그러나 이로 인해 집단의 갈등은 더 커질 수 있습니다.

협상도 살펴봅시다. 협상은 주로 경제적 개념에 기반한 결정 과정입니다. 협상에서는 서로 주고받는 거래가 이루어집니다. 집단에서 각자 자신의 이해관계를 드러내고, 이를 바탕으로 서로의 이익을 위해 서로가 원하는 조건을 제시해야 합니다. 손해를 일부분 감수하면서 추구하는 이익을 위해 거래하여 결정에 이르는 과정이죠.

협상에서는 서로 다른 의견을 가진 이들이 자신이 원하는 것을 더 많이 얻어내기 위해 포기해도 되는 것을 파악하는 과정이 강조됩니다. 공동의 결정이 아니라, 서로가 원하는 다른 것을 위해 전략적으로 계산하죠. 이 과정에서는 누가 손해를 적게 보느냐가 중요합니다.

협상의 과정에서 사람들은 왜 협상해야 하는지에 대한 목적보다는 내가 손해를 보지 않는 협상 전략이 중요합니다. 이 경우에는 집간을 위한 조화나 조율이 어렵습니다. 협상에서 사용할 카드가 전혀 없는 사람들은 불리할 수밖에 없는 결정 과정입니다. 협상하다가 결렬되면 집단이 존속되기 어려워지는 경우도 발생합니다.

반면에 숙의는 다릅니다. 오케스트라 연주처럼, 숙의에서는 다른 사람들의 주장이 무엇이고, 이를 어떻게 조율해야 할지 고려해야 합니다. 더 나아가 토의토론을 하는 집단의 구성원들은 그 자체로 하나의 집단 공동체라고 생각하고 모두를 위한 방안을 찾지만, 강제로 의견을 조정하거나 합의하지 않습니다.

누군가의 의견은 무엇이고 왜 그런 주장을 하는지 차이를 생각하고 인정하는 것이 중요합니다. 다양한 의견을 충분히 살펴본 후, 이를 바탕으로 모두가 납득할 수 있는 결정 방안을 찾아야 하죠. 따라서 빠른 결정보다는 의견의 차이를 이해하고 천천히 조정하는 과정이 중요합니다. 앞에서도 이야기했듯이 합치된 하나의 의견을 만들지 않아도 괜찮습니다.

## 숙의는
## 어떻게 이루어질까?

토의토론에서 합의가 필요한 것은 알지만, 실제로 토의토론 과정에서 합의하기는 쉽지 않습니다. 그러나 합의에 이르는 것이 불가능한 것은 아닙니다. 앞서 아렌트가 행위를 오케스트라에 비유했듯이, 숙의를 통해 합의에 이르는 과정을 오케스트라에 빗대어 설명해 보겠습니다.

**의견 제시하기**

먼저 각자 주장을 제시하는 것을 개별 악기들이 소리를 내면서 서로의 소리를 확인하는 것처럼 여겨야 하죠. 오케스트라 연주를 위해서는 자신의 악기도 조율하고 다른 악기의 소리에도 집중하는 것처럼 자신의 주장을 분명히 이야기하되 호의적인 태도를 보여야 합니다. 나아가 상대방의 의견을 반박하거나 무시하기보다는 다른 의견을 파악하면서 주장하는 것이 무엇인지 적극적으로 듣는 태도가 좋습니다.

이 단계에서 중요하게 고려할 질문은 다음과 같습니다.

— 이 주제에 대한 나의 의견을 무엇이고 나는 왜 이런 주장을 할까?
— 다른 사람이 주장하는 내용의 핵심은 무엇인가?
— 다른 사람이 주장하는 내용은 어떤 관점에서 나왔을까?
— 다른 사람의 주장에서 의미 있는 내용은 무엇인가?

**의견 비교하면서 공통점과 차이점 찾기**

각자 의견을 제시했다면, 이제 오케스트라 연주를 위해 서로의 소리를 조율해 가는 과정입니다. 누군가의 소리가 크다면 낮춰야 하고, 너무 작다면 조금 높이는 등의 조율이 이루어집니다. 토론에서는 먼저 공통점이 있는지 확인해 보아야 합니다. 그리고 차이점이 생기는 이유는 무엇인지 파악해야 하죠. 이 과정에서는 반박이나 비판보다는 협력하여 공통점을 찾고, 차이점은 객관적으로 분석해야 합니다.

이 단계에서 중요하게 고려할 질문은 다음과 같습니다.

— 우리의 의견에 공통으로 들어 있는 것은 무엇인가?
— 우리의 주장 중에 이런 부분은 겹치는 것 같지 않은가?
— 우리가 각자 주장했지만, 일치하는 부분을 찾아야 할까?
— 우리 의견에서 차이는 무엇이고 왜 생겼을까?
— 우리의 의견 차이는 사실 정보의 차이일까, 아니면 관점의 차이일까?

## 의견 조율하며 재구성하기

공통점과 차이점을 바탕으로 새로운 의견을 만드는 과정입니다. 공통점을 바탕으로 차이점을 조정한 수정안을 만들어도 되고, 새로운 안을 마련해도 됩니다. 다만 이 과정에서 새로운 안이 구성원 모두에게 유용하고 도움이 되어야 합니다. 누군가 소외되거나 새로운 문제를 경험하는 것은 아닌지를 고려할 수 있어야 합니다.

여기서 의견 차이가 클 때 어떻게 할 것인가가 중요합니다. 의무적으로 자신의 주장보다 상대방의 의견을 충분히 듣고, 그 의견을 내 의견에 반영하여 수정 의견을 냅니다. 필요한 경우에 절대로 합의가 안 되는 부분은 무엇인지 파악하고, 합의되는 부분은 무엇인지도 고려하면서 다음에 더 논의하기로 하는 것입니다. 한때 강경했던 의견도 시간이 지나면 다시 조정할 수 있기 때문입니다.

이 단계에서 중요하게 고려할 질문은 다음과 같습니다.


— 제시된 의견을 결합한 더 나은 대안은 무엇인가?

— 모두가 손해를 보지 않고 지지할 만한 의견은 무엇일까?

— 우리가 합의하지 못하는 부분을 빼고 최소한으로 합의 가능한 부분은 무
  엇인가?

— 차이를 인정하고 일단 그 부분은 다음에 토의토론해도 되지 않을까?


**합의안 도출하고 확인하기**

자신의 음을 조정하면서 지휘자의 지휘에 따라 오케스트라 연주를
연습하는 것처럼, 토의토론에서 개선안이나 조정안을 정해 보는 것입
니다. 논의하고 조정한 하나의 안을 모두 수용 가능한지 확인합니다.
여전히 합의가 안 되면 합의된 부분만 정하고, 나머지는 다음에 논의
하기로 할 수 있습니다.

이 단계에서 중요하게 고려할 질문은 다음과 같습니다.


— 결정할 대안에 내 의견은 충분히 반영되었는가?

— 토의토론에 참여한 모두가 수용하는 안으로 정하였는가?

— 합의하지 못한 부분은 무엇이고 이것을 위해서 다음에 어떤 토의토론을 해
  야 하는가?

— 다음의 논의에서 무엇을 더 생각하고 준비해야 하는가?

## 숙의 과정 성찰하기

오케스트라 연주는 한 번으로 끝나는 것이 아니라 더 많은 연습을 거쳐 또 다른 연주를 합니다. 토의토론의 숙의도 마찬가지입니다. 이를 위해서는 숙의 과정에 대한 성찰이 필요합니다. 나의 주장을 잘 펼쳤는지, 상대방의 주장을 잘 이해했는지, 새로운 안에 대하여 많은 의견을 냈는지 등을 파악해야 합니다. 그리고 공동체 시민으로서 의견을 조정하면서 합의안에 대하여 어떻게 실천할지도 고민해야 합니다.

이 단계에서 중요하게 고려할 질문은 다음과 같습니다.


— 숙의 과정에서 나는 성숙하게 주장하고 상대방의 주장을 이해하였는가?

— 이 토의토론에서 결정한 것을 나는 어떻게 실천할 것인가?

— 향후 합의 과정에서 내가 변화되어야 하는 것은 무엇인가?

— 숙의가 시민으로서 우리를 성숙하게 하는 이유는 무엇인가?

# 호모 콰렌스,
# 질문으로 더 지혜로워질 인간을 위해

지구에 존재하는 현생 인류의 조상으로 알려진 인류는 호모 사피엔스사피엔스입니다. 라틴어 사피엔스(sapiens)는 '지혜로운, 분별이 있는'이라는 의미입니다. 그래서 호모 사피엔스사피엔스는 '더더욱 지혜로운 사람'이라 할 수 있습니다. 상징을 사용하고 이성적인 사고를 할 수 있음을 강조하는 표현이죠.

현대에 들어 나타난 인류의 변화를 표현하기 위해 '호모'를 붙인 새로운 호칭이 등장했습니다. '호모 디지털스(디지털 인간)' '호모 테크놀로지쿠스(기술 인간)'는 최근의 기술 변화를 반영한 것입니다. '호모 루덴스(놀이하는 인간)' '호모 나랜스(이야기하는 인간)'는 문화적 변화를 보여줍니다.

  ‘호모 콰렌스(Homo quaerens)’는 무슨 뜻일까요? 라틴어 콰렌스(quaerens)는 ‘질문하는’이라는 의미입니다. 현생 인류의 조상을 ‘더 더욱 지혜로운 사람’이라고 한 것은 그들이 질문하면서 답을 찾으려고 했기 때문입니다. 그러니 더더욱 지혜로운 사람은 질문하는 사람이라 할 수 있습니다.

  지금까지 수많은 상황에서 할 수 있는 다양한 질문에 관해 살펴보았습니다. 이제 여러분이 스스로 질문하는 인간, 호모 콰렌스가 되어야 합니다. 그래서 더더욱 지혜로운 인간이 되기를 기대합니다. 여러분만의 질문을 시작해 보세요.

2026년 4월

구정화

미주

**1장 질문의 필요와 쓸모를 생각하다__ 질문을 위한 질문**

1 소크라테스·플라톤 저, 박문재 역, 『소크라테스의 변명·파이톤·크리돈·향연』, 현대지성, 2019.

2 플라톤 저, 이상인 역, 『메논』, 아카넷, 2019.

3 플라톤 저, 이환 편역, 『국가론』, 돋을새김, 2025.


**2장 생성형 인공지능에 제대로 질문하다__ 컴퓨팅 사고력 질문**

1 Foot, P., 『*Virtues and vices: And other essays in moral philosophy*』, Blackwell, 1977.


**3장 인간을 이해하는 질문은 따로 있다__ 소통하는 질문**

1 정현종, 『나는 별아저씨』, 문학과지성사, 1978.

2 정현종, 『광휘의 속삭임』, 문학과지성사, 2008.

3 로빈 던바 저, 김정희 역, 『던바의 수』, 아르떼, 2018.

4 Helen Collins, "The end of Dunbar's number: Have our social networks changed for good?", 《*The Oxford Scientist*》, 2023.2.2.; Johan Lind·Patrik Lindenfors, "Why we dispute 'Dunbar's number-the claim humans can only maintain 150 friendships", 《*The Conversation*》, 2021.6.23.

5 Aron, A., Melinat, E., Aron, P. N., Vallone, R. D., & Bator, R. J., 「The Experimental Generation of Interpersonal Closeness: A Procedure and Some Preliminary Findings」, 《*Personality and Social Psychology Bulletin*》 23(4), pp.363-377, 1997.

276

**6** Mandy Len Catron, "To Fall in Love With Anyone, Do This", 《*The New York Times*》, 2015.1.9.

**7** 김경현, 『고대 아테네 민주정 연구』, 한울, 2004.


**4장 자신을 분석하고 이해하다_ 메타인지 질문**

**1** 장 지오노 저, 김경온 역, 『나무를 심은 사람』, 두레, 2018.

**2** 송정선·김미정·김장회, 「자기대화(self-talk)의 국내 연구 동향」, 《재활실미연구》 30(4), pp.245-259, 2024.

**3** 이유미, 「혼잣말과 자기복합성, 대인의사소통 능력의 관련성 연구」, 《한국어와 문학》 36. pp.151-172, 2017.

**4** 조민주, 「혼잣말의 유형이 과제수행 및 수행 후 정서에 미치는 효과」, 부산대학교 대학원 석사학위논문, 2022.

**5** "혼잣말 자제력 향상에 도움, 1인칭보다 2인칭 효과적 '넌 할 수 있어!'", 《헤럴드경제》, 2015.4.17.

**6** Flavell, J. H., 「Metacognition and cognitive monitoring: A new area of cognitive-developmental inquiry」, 《*American Psychologist*》 34(10), pp.906-911, 1979.

**7** 비고츠키, L. S. 저, 신명희 역, 『비고츠키 사고와 언어』, 살림, 2014.

**8** Bain, J. D., Ballantyne, R., Packer, J., & Mills, C., 「Using journal writing to enhance student teachers' reflectivity during field experience placements」, 《*Teachers and Teaching: Theory and Practice*》 5(1), pp.51-73, 1999.

**9** Shapiro, S. L., Carlson, L. E., Astin, J. A., & Freedman, B., 「Mechanisms of mindfulness」, 《*Journal of Clinical Psychology*》 62(3), pp.373-386, 2006.

**10** Iiskala, T., Vauras, M., Lehtinen, E., & Salonen, P., 「Socially shared metacognition in peer learning?」, 《*Learning and Instruction*》 21(3), pp.379-393, 2011.

**11** Swaffield, J. B., & Guo, Q., 「How Childhood Socioeconomic Status Impacts Adult Food Preference: The Mediating Role of Stress and Trait Appetite」, 《*Behavioral Sciences*》 12(7), pp.1-10, 2022.

12 Gottman, J. M., Katz, L. F., & Hooven, C., 「Parental meta-emotion philosophy and the emotional life of families: Theoretical models and preliminary data」, 《Journal of Family Psychology》 10(3), pp.243-268, 1996.

13 Ochsner, K. N., & Gross, J. J., 「The cognitive control of emotion」, 《Trends in Cognitive Sciences》 9(5), pp.242-249, 2005.

14 백세희, 『죽고 싶지만 떡볶이는 먹고 싶어』, 흔, 2018.

**5장 문제 해결을 위해 나아가다__ 의사결정을 위한 질문**

1 Sartre, J. -P., Trans. Carol Macomber, 『Existentialism Is a Humanism』, Yale University Press, 2007.

2 쉬나 아이엔카 지음, 오혜경 옮김, 『선택의 심리학』, 21세기북스, 2012.

3 Janis, I. L., 『Victims of Groupthink: A Psychological Study of Foreign-Policy Decisions and Fiascoes』, Houghton Mifflin, 1972.

4 Naphy, W., & Spicer, A., 『The Black Death: A History of Plagues 1345-1730』, Tempus, 2000.

5 Norman, D. A., 『The Design of Everyday Things (Revised and Expanded Edition)』, Basic Books, 2013.

6 타일러 비겐의 홈페이지(tylervigen.com).

7 Mochon, D., 「Single-Option Aversion」, 《Journal of Consumer Research》 40(3), pp.555-566, 2013.

8 Schwartz, B., 『The Paradox of Choice: Why More Is Less』, Ecco/Harper Collins, 2004.

9 Iyengar, S. S., & Lepper, M. R., 「When choice is demotivating: Can one desire too much of a good thing?」, 《Journal of Personality and Social Psychology》 79(6), pp.995-1006, 2000.

10 Camp, R. C., 『Benchmarking: The Search for Industry Best Practices that Lead to Superior Performance』, Productivity Press, 2024.

11 Thaler, R. H., & Sunstein, C. R., 『Nudge: Improving Decisions About Health, Wealth, and Happiness』, Yale University Press, 2008.

**12** "지하철 계단을 피아노 건반으로", 《중앙일보》, 2009.10.23.

**13** Aristotle, 『*On Rhetoric: A Theory of Civic Discourse*』, Oxford University Press, 2007.


### 6장 주어진 것을 한번 더 생각하다__ 자료 분석을 위한 질문

**1** Degner, J. & Dalege, J., 「The apple does not fall far from the tree, or does it? A meta-analysis of parent-child similarity in intergroup attitudes」, 《*Psychological Bulletin*》 139(6), pp.1270-1304, 2013.

**2** Hoffman, K. M., Trawalter, S., Axt, J. R., & Oliver, M. N., 「Racial bias in pain assessment and treatment recommendations, and false beliefs about biological differences between Blacks and Whites」, 《*Proceedings of the National Academy of Sciences*》 113(16), pp.4296-4301, 2016.

**3** Devine, P. G., Forscher, P. S., Austin, A. J., & Cox, W. T. L., 「Long-term reduction in implicit race bias: A prejudice habit-breaking intervention」, 《*Journal of Experimental Social Psychology*》 48(6), 1267-1278, 2012.

**4** Pen, J., 『*Income Distribution: Facts, Theories, Policies*』, Praeger, 1971.

**5** 통계청, 「2024년 국내인구이동통계결과 보도자료」, 2024, 4쪽.

**6** Wineburg, S., & McGrew, S., 「Lateral reading: Reading less and learning more when evaluating digital information」, 《*Teachers College Record*》 Volume 121, 2017.

우리가 용기가 없지, 질문이 없냐

초판 1쇄 2026년 4월 27일

**지은이** | 구정화
**펴낸이** | 송영석

**편집장** | 박신애 **기획편집** | 최예은 · 이나연 **디자인** | 박윤정 · 유보람
**마케팅** | 김유종 · 한승민 **관리** | 송우석 · 전지연 · 채경민

**펴낸곳** | (株)해냄출판사
**등록번호** | 제10-229호
**등록일자** | 1988년 5월 11일(설립일자 | 1983년 6월 24일)

04042 서울시 마포구 잔다리로 30 해냄빌딩 5 · 6층
**대표전화** | 326-1600 **팩스** | 326-1624
**홈페이지** | www.hainaim.com

ISBN 979-11-6714-153-8

파본은 본사나 구입하신 서점에서 교환하여 드립니다.